O professor diante
das relações de gênero na
Educação Física Escolar

Volume 7
Coleção *Educação & Saúde*

Dados Internacionais de Catalogação na Publicação (CIP)
(Câmara Brasileira do Livro, SP, Brasil)

Corsino, Luciano Nascimento
    O professor diante das relações de gênero na educação física escolar / Luciano Nascimento Corsino, Daniela Auad. — São Paulo : Cortez, 2012.
    — (Coleção educação & saúde ; v. 7)

    ISBN 978-85-249-1915-2

    1. Educação física – Estudo e ensino 2. Identidade de gênero 3. Interação professor-alunos 4. Professores – Formação I. Auad, Daniela. II. Título. III. Série.

12-05198   CDD-372.8607

Índices para catálogo sistemático:
1. Educação física escolar e relações de gênero : Educação   372.8607

Luciano Nascimento Corsino
Daniela Auad

O professor diante das relações de gênero na Educação Física Escolar

CORTEZ EDITORA

O PROFESSOR DIANTE DAS RELAÇÕES DE GÊNERO NA
EDUCAÇÃO FÍSICA ESCOLAR
Luciano Nascimento Corsino • Daniela Auad

Capa: aeroestúdio
Preparação de originais: Sandra Garcia Custódio
Revisão: Lucimara Carvalho
Composição: Linea Editora Ltda.
Coordenação editorial: Danilo A. Q. Morales

Direitos para esta edição
CORTEZ EDITORA
Rua Monte Alegre, 1074 – Perdizes
05014-001 – São Paulo – SP
Tel.: (11) 3864-0111   Fax: (11) 3864-4290
e-mail: cortez@cortezeditora.com.br
www.cortezeditora.com.br

Impresso no Brasil – junho de 2012

Sumário

Apresentação da Coleção

A Coleção Educação & Saúde tem por objetivo estabelecer diálogo entre pesquisadores do Programa de Pós-Graduação Educação e Saúde na Infância e na Adolescência, da Universidade Federal de São Paulo, e educadores e professores que atuam com crianças e adolescentes no âmbito da educação básica.

O conjunto de títulos que o leitor encontra nesta Coleção reúne investigadores cujas pesquisas e publicações abrangem de forma variada os temas infância e adolescência e que trazem, portanto, experiência acadêmica relacionada a questões que tocam direta e indiretamente o cotidiano das instituições educacionais, escolares e não escolares.

O diálogo entre os campos da Educação e Saúde tornou-se necessário à medida que os desafios educacionais presentes têm exigido cada vez mais o recurso da abordagem interdisciplinar, abordagem essa necessária para oferecer alternativas às tendências que segregam os chamados problemas de aprendizagem em explicações monolíticas.

A educação dos educadores exige esforços integradores e complementares para que a integridade física, social, emocional e intelectual de crianças e adolescentes com os quais lidamos diariamente não permaneça sendo abordada com reducionismos. Percebemos com frequência a circulação de diagnósticos que reduzem os chamados problemas educacionais a um processo de escolha única, sem alternativas integradoras.

Em relação aos chamados problemas educacionais, na maioria das vezes as opções formativas ou são devedoras de argumentos clínicos ou são devedoras de argumentos socioeconômicos, mas predominantemente esses universos são apresentados como realidades que não devem se comunicar, tornando a opção por um a imediata exclusão do outro.

As desvantagens pessoais e sociais de crianças e adolescentes estão diariamente desafiando professores e educadores em geral. Abordar de forma objetiva e integrada o complexo tema dos chamados problemas físicos, emocionais, intelectuais e sociais que manifestamente interferem na vida escolar de crianças e adolescentes é o desafio desta Coleção.

Esse desafio nos levou a trazer para a Coleção um repertório de temas que contempla os problemas sociais de alunos pobres; os chamados déficits de atenção; as várias formas de fracasso escolar; as deficiências em suas muitas faces; as marcas do corpo; a sexualidade; a diversidade sexual; a interação entre escola e família; a situação dos alunos gravemente enfermos; as muitas formas de violência contra a criança e entre crianças; os dramas da drogadição; os desafios da aquisição de linguagem; as questões ambientais e vários outros temas conexos que foram especialmente mobilizados para este projeto editorial.

A mobilização desses temas não foi aleatória. Resultou do processo de interação que o Programa tem mantido com as redes públicas de ensino de São Paulo. E tem sido justamente essa experiência a grande fiadora da certeza de que os problemas educacionais de crianças e adolescentes não são exclusivamente clínicos, nem exclusivamente sociais. Pensemos nisso.

Por isso, apresentamos a Coleção Educação & Saúde como quem responde a uma demanda muito consistente, que nos convida a compartilhar estudos sobre a infância com base naquilo que de mais rico a interdisciplinaridade tem a oferecer.

MARCOS CEZAR DE FREITAS

Coordenador da Coleção

Introdução

É certo que as funções excretórias, e particularmente as funções urinárias, interessam apaixonadamente às crianças: urinar na cama é muitas vezes um protesto contra a preferência demonstrada pelos pais por outro filho. Há países em que os homens urinam sentados e acontece que as mulheres urinem de pé: fazem-no habitualmente muitas camponesas; mas, na sociedade ocidental contemporânea, querem geralmente os costumes que elas se agachem, ficando os homens de pé. Essa diferença é para a menina a diferenciação sexual mais impressionante. Para urinar, ela precisa agachar-se, despir-se e, portanto, esconder-se: é uma servidão vergonhosa e incômoda. [...] a função urinária [para os meninos] apresenta-se como um jogo livre que tem a atração de todos os jogos em que a liberdade se exerce; o pênis deixa-se manipular e através dele pode-se agir [...] o jato pode ser dirigido à vontade, a urina lançada longe: o menino aufere disso um sentimento de onipotência (Simone de Beauvoir, *O segundo sexo*, p.15).

O excerto acima, retirado de *O segundo sexo*, é uma das muitas e brilhantes maneiras pelas quais Simone de Beauvoir resolveu explicar a máxima escrita também por ela...

Ninguém nasce mulher: torna-se mulher. Nenhum destino biológico, psíquico, econômico define a forma que a fêmea humana assume no seio da sociedade; é o conjunto da civilização que elabora esse produto

> intermediário entre o macho e o castrado que qualificam de feminino. Somente a mediação de outrem pode constituir um indivíduo como um Outro (Simone de Beauvoir, *O segundo sexo*, p. 9).

Atualmente — e como se Simone de Beuvoir não tivesse tido influência nenhuma sobre isso ou, então, como se sua obra precisasse ser refutada quando o assunto é esse — é comum ouvir falar sobre a educação do corpo, a produção do corpo, a invisibilidade do corpo, a construção do corpo, a desintegração do corpo, a transformação do corpo, a inexistência do corpo, o cultivo do corpo, a reinvenção do corpo... A despeito e ao considerar todas essas perspectivas — tão diversas quanto procedentes —, esse corpo, do qual tanto se fala, é, em um só tempo, lugar, objeto e mote da Educação Física Escolar. Ela, a Educação Física Escolar, com seu conjunto de práticas e fenômenos, ora sistematizados e oficiais, ora tão invisibilizados e ocultos quanto potentes e presentes, é uma das instâncias de produção desse corpo, é uma das "máquinas" que o produz e que é produzida pelas noções que temos dele, o corpo.

Vale notar, já nestas primeiras páginas, que o referencial emblemático de Judith Butler — adotado, por vezes sem leituras mais aprofundadas tanto da obra dela quanto de autoras tão importantes quanto ela — não é desconhecido como abordagem possível sobre o debate da temática corpo e gênero. Tal autora, como é sabido, "descola" o corpo do gênero e coloca a anatomia como algo que não é limitado pelo que é socialmente percebido como masculino e como feminino. Apesar de conhecer e considerar tal referencial, a autora e o autor da presente obra, neste momento, entendem que a perspectiva de gênero a partir dos escritos de Joan Scott, Christine Delphy e até a retomada de noções trabalhadas por Beauvoir são de suma importância para o debate que se pretende travar neste volume da Coleção Educação & Saúde. Tais autoras e abordagens, tão construcionistas quanto igualitaristas, oferecem instrumentos potentes para pensar Relações de Gênero e Corpo, especialmente no tocante ao que mais interessa como um dos principais objetivos deste livro: o estabelecimento de elementos inovadores e necessários para uma perspectiva de Educação Física Escolar que seja tanto liberta de oposições binárias entre masculino e feminino, quanto emancipadora daqueles e daquelas que são estigmatizados, no cotidiano escolar, como representantes do feminino, a despeito de seu sexo.

Tecidas essas considerações iniciais, cumpre destacar que, ao analisar a Educação Física Escolar na perspectiva de gênero, o presente livro possibilita acessar algumas maneiras como são educadas, no detalhe de suas corporeidades, meninas, meninos, homens e mulheres. Dessa forma, ao longo de seus capítulos, este livro expressa a reflexão sobre esse processo educativo. A origem da temática Educação Física Escolar e Relações de Gênero será abordada, assim como serão comentados estudos e pesquisas que utilizam a categoria gênero para pensar a Educação Física. O ideal coeducativo, incluindo sua conceituação no Brasil e no exterior, assim como a necessária perspectiva da igualdade de gênero na Educação Física são aspectos analisados, com especial destaque para os conteúdos das aulas de Educação Física, a maneira como professores[1] e professoras misturam e/ou separam alunas e alunos e, por conseguinte, as resistências e conflitos em meio às desigualdades desse cotidiano. Enfim, no

---

1. O presente livro poderia ter como título "A professora e o professor diante das relações de gênero na Educação Física Escolar". Repensar a linguagem que corrobora a desigualdade de gênero e abolir o uso do "masculino genérico" são ações de suma importância para a autora e o autor em todas as esferas de suas vidas e, portanto, também na abordagem adotada nesta obra. Apesar disso, por ser publicada no âmbito da Coleção *O Professor diante...*, este livro foi intitulado da maneira como se encontra no momento, o que não impede — e até pode motivar — que a presente publicação seja uma valiosa contribuição aos debates sobre igualdade de gênero travados na linguagem e nas demais instituições sociais.

penúltimo capítulo, são encontradas sínteses do conteúdo sob a forma de perguntas e respostas; assim como, no último capítulo, são oferecidas sugestões de leitura sobre as temáticas Corpo, Relações de Gênero, Feminismo, Educação, Igualdade de Direitos e Educação Física Escolar, a fim de auxiliar leitoras e leitores na formulação de suas próprias perguntas e respostas, a caminho da coeducação.

1

Relações de gênero, Educação e Educação Física Escolar

Antes de iniciar o debate sobre as relações de gênero nas práticas escolares, sobretudo na Educação Física Escolar, entende-se como de suma importância o posicionamento sobre a definição de gênero adotada neste estudo. A intenção é proporcionar às leitoras e aos leitores um entendimento consistente sobre a categoria, a qual fundamentará todo o processo de análise das aulas de Educação Física. Cumpre destacar que este estudo objetiva não só contribuir para as áreas de Educação e Educação Física, mas também pretende proporcionar uma leitura acessível, que facilite o entendimento para professoras e professores em formação.

É sabido que gênero permeia uma grande diversidade de estudos, e na Educação não é diferente. Desde a década de 1980, muitos(as) estudiosos(as) da Educação vêm se debruçando a investigar as diferentes formas como a categoria opera no cotidiano das práticas escolares.

Ao discorrer sobre o fracasso escolar, a pesquisadora Marília Pinto de Carvalho apresenta dados do IBGE que evidenciam um índice de analfabetismo muito maior para meninos do que para meninas, tendo em vista que são meninos que passaram pela escola, mas de alguma forma não se apropriaram das capacidades leitora e escritora.

A autora apresenta algumas possíveis explicações contadas constantemente para esse fenômeno. Embora um tanto reducionista, a primeira explicação é que o trabalho infantil pode influenciar para que meninos sejam em maior número analfabetos, tendo em vista que eles são a maioria que trabalha. A segunda é que as meninas são mais adaptadas à escola, por conta de características consideradas femininas, que conferem a elas posturas e práticas condizentes com as atitudes esperadas no interior da escola, "calmas, obedientes e passivas" (Carvalho, 2003, p. 189).

Para Carvalho, estes dois discursos apresentados podem levar ao risco de se isentar a escola desse processo, pois há uma falsa ideia de que o problema esteja apenas no trabalho doméstico e na educação familiar, mas a escola também necessita de um espaço para trabalhar estas questões, não podendo se eximir de sua responsabilidade diante das situações apontadas pela autora.

Deste modo, há necessidade de que a escola, como uma importante agência de socialização, seja capaz de fornecer subsídios para uma educação que permita o questionamento de determinadas representações. Pois, muitas vezes, por não possuir estes aparatos, a própria escola acaba reforçando também os modelos e padrões que prejudicam um processo socializador que contribua com a igualdade e a autonomia, sobretudo, no que diz respeito à formação das identidades de gênero e racial (Barbosa, 1987).

A adoção da categoria gênero exige escolhas teóricas tanto acadêmicas quanto militantes. E vale notar que o uso desses dois termos — acadêmico e militante — já é um flerte com uma perigosa e talvez não procedente polaridade. A consideração da categoria gênero demanda rigor e aprofundamento teórico devido a sua abrangência, complexidade e razoável produção existente no Brasil e no exterior, a qual tanto tematiza a categoria quanto a utiliza para desvendar diversificada gama de objetos de pesquisa. Trata-se de categoria que se constrói no debate e que transita por muitas áreas, tais como Sociologia, Antropologia, Psicanálise, Biologia.

No presente livro, gênero será abordado como uma categoria de análise, cuja definição pode ser, inicialmente, entendida no seio dos estudos da historiadora americana Joan Scott, com especial destaque para o texto: "Gênero: uma categoria útil de análise histórica". Neste, gênero passa a ser conhecido como uma categoria de análise relacional, ou seja, permite perceber as construções, as noções de feminino e de masculino erigindo-se simultaneamente, em relação e por oposição e/ou complementaridade. Trata-se de categoria que não é sinônimo exclusivamente do estudo sobre as mulheres ou sobre a relação entre os sexos. Tais elementos estão inclusos em um universo maior e, a partir da apropriação da obra de Joan Scott, ao se pensar a partir da categoria gênero, são re-significadas as instituições e organizações sociais, os símbolos culturalmente disponíveis que evocam as representações, assim como a formação dos conceitos e identidades. Nesse sentido, as relações de gênero podem ser percebidas como "elementos constitutivos das relações sociais, baseadas em diferenças entre os sexos" e "como uma forma primária de significar as relações de poder" (Scott, 1995, p. 16).

Ao tratar da definição da categoria gênero numa perspectiva *construcionista* e a partir da obra de Joan Scott, Daniela Auad (2004) destaca também a relevância dos estudos da pesquisadora francesa Christine Delphy, menos citada ou "não citada" dentre as estudiosas de gênero no Brasil. Os elementos teóricos fornecidos pela pesquisadora francesa direcionam para uma abordagem que ressalta o sexo como algo construído pelo gênero. Ela enfatiza a ideia de que não fosse a existência do gênero, o sexo seria apenas uma diferença irrelevante, como outras tantas características biológicas presentes em nosso corpo (Delphy, 1991).

Considerando essa premissa, é possível afirmar que, não fosse o gênero uma categoria construtora do sexo, pois a partir da maneira como tal categoria foi se constituindo percebemos o sexo como atributo determinante, talvez não existisse a separação de meninas e meninos nas aulas de Educação Física e nas demais esferas do convívio social. Essa divisão entre o feminino e o masculino corresponde à criação e manutenção de assimetrias de gênero, diferenças que são hierarquizadas e se transformam em desigualdades. Nessa perspectiva, as diferenças de habilidade motora entre meninas e meninos, meninas e meninas, meninos e meninos poderiam ser apenas diferenças sem necessariamente serem hierarquizadas a partir do sexo dos sujeitos e das construções de gênero com as quais os sexos masculino e feminino são interpretados. Contudo, o que ocorre nos processos desiguais é a atribuição de valores hierarquizados para as diferenças atribuídas ao masculino e ao feminino, de modo a reforçar e recriar as desigualdades entre meninas, meninos, homens e mulheres.

A abordagem de gênero proposta por Joan Scott é muito significativa para o tratamento de questões que envolvem as práticas escolares, pois, a partir dessa categoria, é possível perceber e analisar aspectos como as diferenças hierarquizadas entre meninas e meninos, que são criadas e potencializadas devido às relações de poder entre o que se percebe como masculino e como feminino no cotidiano escolar, tendo em vista que "[...] essas relações vão ganhando a feição de naturais de tanto serem praticadas, contadas, repetidas e recontadas" (Auad, 2006, p. 19).

Ao analisar as abordagens de Joan Scott, Claude Zaidman, Heleieth Saffioti, Linda Nicholson, Valerie Walkerdine, Cristine

Delphy e Carol Giligan, Auad (2004, p. 42) apresenta apropriação relevante sobre a categoria em sua tese de doutorado. Segundo a autora, "[...] gênero não é sinônimo de sexo (masculino ou feminino), mas corresponde ao conjunto de representações construído por cada sociedade, através de sua História, para atribuir significados, símbolos e características para cada um dos sexos". Neste sentido, é possível perceber gênero como representações sociais que constroem identidades, mas que, segundo Guacira Lopes Louro (1997, p. 27) "[...] estão sempre se constituindo, são instáveis e, portanto, passíveis de transformação".

Desta forma, como uma categoria analítica produzida *a priori* no campo dos estudos feministas pós-estruturalistas, o gênero se destaca como uma possibilidade de leitura das relações estabelecidas durante as aulas de Educação Física. Esta assertiva corresponde ao que atesta Silvana Vilodre Goellner, ao reivindicar a necessidade de apropriação da categoria para a compreensão dos processos históricos a partir dos quais as mulheres foram inseridas nas práticas esportivas.

> Por essa razão, reafirmo a importância das epistemologias feministas e dos estudos de gênero para compreender os processos históricos e contemporâneos através dos quais se deu a inserção, permanência e ampliação da participação das mulheres no campo das práticas corporais e esportivas. Mais especificamente, aquelas abordagens relacionadas ao feminismo pós-crítico que, ao romperem com a categoria universal "mulher", têm visibilizado as diferenciações e pluralidades presentes nos modos das mulheres existirem e de viverem suas feminilidades (Goellner, 2007, p. 190).

Goellner chama a atenção para o equívoco identificado em muitos estudos que envolvem Gênero, Educação Física e Esportes. A partir da dissertação de mestrado de Agripino Alves Luz

Júnior: *Gênero e Educação Física, o que diz a produção teórica brasileira dos anos 80 e 90?* A autora ressalta que, até a década de 1990, muitos estudos apresentavam certa confusão ao tratar de quatro aspectos:

> Gênero identificado como sinônimo de sexo, confusão conceitual entre identidade de gênero e identidade sexual, o estudo de estereótipos e papéis sexuais como uma possibilidade reduzida de abordar relações de gênero e, finalmente, a identificação entre estudo sobre mulheres e estudos de gênero (Goellner, 2001, p. 222).

Desta forma, é possível perceber que os estudos apontados pela autora não consideraram o caráter de construção social das identidades femininas e masculinas, o que pode remeter a uma ideia naturalizante de algumas características vistas como femininas e outras vistas como masculinas. Esse modo de percepção das relações de gênero não se restringe a alguns estudos na Educação Física. Auad (2004) chama atenção para o estudo de Carol Gilligan (s.d.), que denunciou diferenças consideráveis no relato de mulheres e homens, ao serem questionados(as) sobre suas identidades

> A autora observa em sua pesquisa que as mulheres, em descrições sobre suas identidades, teriam utilizado "verbos de ligação" como *socorrer, dar-se, ser gentil, não prejudicar.* Quanto aos homens, estes teriam utilizado adjetivos como *inteligente, honesto, lógico, imaginativo, arrogante, pretensioso* [...] Ainda como uma desvantagem (no meu modo de ver), o estudo de Gilligan não assume o caráter de construção social das identidades femininas e masculinas e pode, com isso, levar a percepções baseadas na ideia de existência de uma essência feminina e de uma essência masculina, complementares e opostas (p. 36).

Nesse sentido, a pesquisadora Carol Gilligan, apesar de seu profícuo estudo sobre a categoria, não a percebe como uma construção social das identidades femininas e masculinas, levando ao risco de uma interpretação essencialista de determinadas características vistas como masculina ou feminina.

É preciso ser cuidadoso(a) ao analisar as construções das diferenças hierarquizadas no interior das aulas de Educação Física. Os(as) autores(as) Alexandre Jackson Chan-Vianna, Diego Luz Moura e Ludmila Mourão chamam a atenção para este fato, a partir da realização de uma análise sobre cinco pesquisas (Abreu, 1990; Oliveira, 1996; Duran, 1999; Duarte, 2003; Pereira, 2004), que envolvem questões de gênero. Eles(as) encontraram argumentos pouco consistentes no que se refere ao gênero como uma categoria de exclusão. Também relataram que as pesquisas "recaem por diversas vezes em generalizações para argumentar em torno dos efeitos negativos do sexismo causado pelo esporte", apontando que

> as pesquisas analisadas correspondem a um esforço importante de dar voz a um determinado segmento que se encontra, em alguns contextos, com menores cotas de poder. Entretanto, a pesquisa científica não pode assumir de maneira exclusiva o plano político em detrimento de seu compromisso com a análise, pois a divulgação de seus resultados tem implicações significativas na formação e intervenção pedagógica dos profissionais da educação física (Chan-Vianna; Mourão; Moura, 2010, p. 164).

Ao considerar a problemática das relações de gênero na Educação Física Escolar, entendemos que os processos de hierarquização acerca do masculino e do feminino estão presentes nas aulas de Educação Física, e se estabelecem a partir das relações de poder presentes nesse ambiente; estas hierarquizações permeiam diferentes momentos das aulas como as formas de organização e o tratamento dos conteúdos, considerando-se, sobretudo, as relações entre alunos e alunas e professores(as) e alunos(as). Nesse sentido, partimos da hipótese de que durante as aulas de Educação Física são desenvolvidos mecanismos que operam a favor das diferenças hierarquizadas.

Cumpre destacar que, na perspectiva teórica adotada no presente livro, o termo *diferença hierarquizada* é empreendido como um ato social, que consiste no fato de (re)conhecer, hierarquizar e, consequentemente, transformar tal diferença em desigualdade (Auad, 2004, p. 38). Esse processo se dá, dentre variados motivos, também e sobretudo, em razão do modo como as relações de gênero estão construídas em nossa sociedade, do modo como determinadas características são atribuídas a tudo quanto é feminino — incluindo aí as mulheres e meninas — e outras características — opostas e/ou complementares às femininas — são atribuídas ao masculino e aos homens e meninos. Essas características masculinas para além de serem diferentes das femininas, porque assim foram sendo elaboradas, são mais prestigiosas no que se refere a *status*, renda e poder nas atividades, comportamentos, posturas, práticas e situações que se referem ao masculino. Assim, o que poderia ser apenas uma característica torna-se uma diferença hierarquizada que resulta na desigual condição social de mulheres, meninas e também pessoas que se apropriam do feminino de múltiplas maneiras, como as travestis e as transexuais.

Em capítulo dedicado à temática das Relações de Gênero, Educação e Educação Física Escolar, importa ainda enfatizar que o estudo que originou este livro objetivou conhecer como são as relações de gênero nas aulas de Educação Física. Para tanto, foram eleitas três perguntas responsáveis por nortear os processos de investigação:

- Como os(as) docentes, nas aulas de Educação Física, separam ou *misturam*[1] meninas e meninos?

---

1. Trata-se da expressão francesa *mixité*, apropriada pela pesquisadora Daniela Auad, em sua tese de doutorado, a partir dos estudos de Claude Zaidman. Segundo a autora, "a pesquisa-

- Como as atividades, nas aulas de Educação Física, podem reforçar as diferenças hierarquizadas entre o feminino e o masculino e, desta forma, concorrer para a criação e manutenção das desigualdades de gênero e entre os sexos?

- Como o lidar com a corporeidade de meninas e meninos, nas aulas de Educação Física, relaciona-se com as construções de gênero elaboradas na realidade escolar, tanto por alunos e alunas quanto pelos(as) docentes?

A pesquisa que deu origem a este livro teve inspiração etnográfica (André, 1995) e abrangeu 80 horas de observação de aulas, em turmas do 6º, 7º e 8º anos[2] do Ensino Fundamental II, em escola da rede estadual de São Paulo, a qual doravante será chamada de Escola do Princípio, como forma de manter o anonimato da instituição que acolheu a pesquisa e dos sujeitos que foram participantes desta.

A escolha desta escola como local de pesquisa também se deu por outros critérios, como sua localização, facilidade de diálogo com os(as) gestores(as), professores[3] e funcionários(as), por ser uma escola pública, oferecer ensino fundamental no período da tarde, entre outros. Tais critérios foram de suma importância para maior facilidade de aproximação e continuidade nos longos períodos de observação das aulas.

---

dora francesa ainda conceitua *mixité* como a coexistência de indivíduos, membros de grupos sociais diferentes, no seio de um mesmo espaço social ou institucional" (2004, p. 150).

2. No momento da pesquisa, a escola ainda utilizava a nomenclatura de série, porém, para facilitar o entendimento, adotamos a nova nomenclatura, de acordo a com Lei n. 11.274/2006, de 6 de fevereiro de 2006, que altera a Lei n. 9.394, de 20 de dezembro de 1996, e estabelece as diretrizes e bases da educação nacional, dispondo sobre a duração de 9 anos para o ensino fundamental a partir dos 6 anos de idade.

3. Neste estudo, em todos os momentos em que o termo professor se referir aos funcionários da Escola do Princípio, aparecerá apenas no masculino, pois todas as aulas de Educação Física observadas eram lecionadas por homens.

A Escola do Princípio oferece Ensino Médio e Ensino Fundamental II no período matutino. Quanto ao Ensino Médio, são dois primeiros anos, dois segundos anos e um terceiro ano, e, quanto ao Ensino Fundamental II, são oito 9º anos. O período vespertino abrange apenas o Ensino Fundamental II. São seis 6º anos, seis 7º anos e quatro 8º anos. No período noturno, é oferecido apenas o Ensino Médio. São cinco primeiros anos, cinco segundos anos e cinco terceiros anos.

Para atender a tal demanda, há quatro professores(as) de Educação Física: uma professora trabalha no período da manhã, um professor trabalha no período da tarde e da manhã, com predomínio de aulas à tarde, outro professor trabalha no período da tarde, e o quarto professor trabalha aos sábados com as turmas do noturno. Também há dois professores eventuais de Educação Física, responsáveis por substituir os(as) professores(as) que por diversos motivos se ausentam.

No capítulo a seguir, assim como neste, são citadas pesquisas sobre a temática Relações de Gênero, Educação e Educação Física Escolar. Isso nos dá notícia de que se trata de abordagem que se, por um lado, pode e deve ser explorada em futuras pesquisas, por outro, já conta com acúmulo de estudos realizados e de debates que propiciam sínteses de diversas concepções e perspectivas.

2

Pesquisas sobre um tema nem tão atual assim...

Os estudos de gênero na Educação Física Escolar iniciaram-se, mais intensamente, a partir do final da década de 1980 (Luz Júnior, 2001; Goellner, 2001), fato justificável a partir da premissa de que este foi o período em que houve determinada ênfase em pesquisas de mestrado e doutorado nessa área. Apoiados em diferentes abordagens das Ciências Humanas, Sociais e Biológicas, estes estudos (Tani et al., 1988; Mariz de Oliveira, Betti, Mariz de Oliveira, 1988; Freire, 1989; Betti, 1991; Medina, 1996; Moreira, 1992; Soares et al.,1992; Daolio, 1995; Mattos e Neira, 1998; Kunz, 1998; 2004; Ghiraldelli Junior, 2001) foram desenvolvidos por pesquisadores(as) que objetivavam denunciar uma Educação Física Escolar baseada em preceitos médicos, militares e esportivos e que até aquele momento não iam ao encontro de uma educação que pudesse oferecer uma aprendizagem significativa, contemplando a todos(as) os sujeitos.

Esse processo de transformação da área se prolongou por anos e ocorreu concomitantemente com a intensificação dos estudos de gênero em diversas áreas de pesquisa, inclusive no âmbito educacional e principalmente com a exímia contribuição dos Estudos Feministas, que foram ampliados e fortalecidos com a chegada do artigo intitulado: "Gênero: uma categoria útil de análise histórica", desenvolvido pela historiadora americana Joan Scott, publicado na revista *Educação & Realidade* em 1990.

Nesse contexto, muitos trabalhos (Romero, 1990; Moreira, 1992; Sousa, 1994; Daolio, 1995; Altmann, 1998; Saraiva, 2005; Goellner, 2008) propuseram questionamentos sobre o caráter biológico predominantemente presente na Educação Física, ressaltando uma *polissemia do corpo*, que até então era percebido predominantemente como uma máquina passível de treinamento escolar. A leitura crítica dessa perspectiva abriu caminho para as reivindicações de uma Educação Física mais igualitária em variados aspectos, inclusive do ponto de vista de gênero.

Atualmente, o debate acerca das relações de gênero na Educação Física Escolar encontra-se em crescimento, permeando e promovendo uma intersecção entre diversas temáticas, como corpo, raça, mídia, esporte, lazer e sexualidade. A consideração desse caleidoscópio suscita a percepção de novos objetos de estudo, promove abordagens inéditas sobre debates tradicionais na área e, ainda, cria condições de intervenções pedagógicas de caráter coletivo, cooperativo e inovador, distante dos padrões associados a um panorama apegado às justificativas biológicas e cristalizadas, ainda bastante usuais.

Ao investigar sobre as noções de gênero do e no esporte, especialmente nas aulas de Educação Física, Sousa e Altmann (1999) assinalam que, mesmo com as inúmeras transformações em nossa sociedade, e apesar de o esporte, em suas várias modalidades, atualmente ser apresentado como uma prática para homens e mulheres, ainda é lócus de divisão sexual e é responsável por parte da construção das diferenças hierarquizadas no âmbito da Educação Física Escolar, considerando-se categorias como gênero, força, idade e habilidade.

Por outro lado animando todas e todos, para Maria do Carmo Saraiva (2002), as práticas coeducativas na Educação Física Escolar apontam para resultados satisfatórios, no que diz respeito à diminuição e eliminação das práticas hierarquizadas no Esporte e no Lazer, o que enfatiza a necessidade de ações pedagógicas que considerem as relações de gênero.

Em relação às formas de organização das aulas de Educação Física, no que se refere à constituição de turmas separadas por sexo, Priscila Dornelles e Alex Fraga (2009) analisam as várias formas de separação no interior das aulas. Nesse sentido, os(as) autores(as) indicam a necessidade de um olhar mais aprofundado sobre as formas de organização em relação aos(às) alunos(as), sem desprezar as separações como uma forma possível de configuração das relações de gênero, tendo em vista que, para eles(as), as turmas mistas, por si só, não garantem o término das hierarquizações.[1]

Ao se apoiar nos Estudos Culturais e de Gênero, os(as) pesquisadores(as) Neira, Santos Júnior e Santos (2009) ressaltam como a mídia, principalmente a televisiva, pode construir a noção de feminilidade através dos discursos empreendidos cotidianamente. Nesse sentido, os(as) autores(as) entendem a Educação Física Escolar como uma disciplina que pode promover ações pedagógicas que proporcionem aos(as) alunos(as) uma

---

1. "A escola mista é um meio e um pressuposto para que haja coeducação, mas não é suficiente para que esta ocorra. Em uma escola mista, a coeducação pode se desenvolver, mas isto não acontecerá sem medidas explicitamente guiadas para tal por parte das professoras e professores e o amparo de políticas públicas que objetivem o fim da desigualdade de gênero, no âmbito" (Auad, 2004, 2006). Tal assertiva é debatida e defendida, a partir da apropriação da obra de Claude Zaidman, por Daniela Auad, tanto em sua tese de doutorado (2004) quanto no livro *Educar meninas e meninos: relações de gênero na escola* (2006).

reflexão crítica sobre o que é apresentado, na TV, como ideal de corpo feminino, de modo a favorecer um processo de desconstrução de determinados modelos e padrões.

No que diz respeito à Educação Física Escolar, no Ensino Fundamental I, Moreno e Gomes (2011) realizaram uma análise da produção acadêmica, fazendo um levantamento de teses e dissertações em diversas Universidades do país. O objetivo principal foi identificar os estudos que se debruçaram a investigar as relações de gênero nessa modalidade de ensino, contemplando alunos(as) em uma faixa etária de 7 a 10 anos de idade. Após o levantamento, as autoras encontraram apenas cinco trabalhos relacionados ao tema. Nesse sentido, a pesquisa indica pouca produção acerca das relações de gênero no Ensino Fundamental I, e ainda aponta que os estudos analisados pressupõem uma ênfase muito maior no que diz respeito aos jogos e esportes, não contemplando outras manifestações da Cultura Corporal, como a luta, a dança e a ginástica.

Para além do esporte e do jogo, durante sua pesquisa de mestrado, Presta (2006) realizou um programa que mobilizou turmas do 2º a 9º anos. A autora abordou as atividades rítmicas com estas turmas, potencializando seu olhar para perceber como se davam as relações de gênero em suas aulas. Para Presta, um olhar atento que considere as relações de gênero durante as aulas de Educação Física pode contribuir significativamente para o término das hierarquizações das diferenças entre o masculino e o feminino. Tal processo aconteceu em seu trabalho e, após sua realização, houve importantes mudanças na escola e nos(as) alunos(as), os quais puderam vivenciar outras possibilidades de movimento durante as aulas de Educação Física, considerando-se, sobretudo, as atividades rítmicas. Estas são tradicional e culturalmente percebidas como tipicamente femininas e, apesar disso, ao serem problematizadas como práticas, foram debatidas e rompidas diversas normas desiguais no que se refere às relações de gênero impostas no cotidiano escolar.

Pereira (2009) analisou as relações de gênero presentes em aulas em que os temas eram a dança e o futebol; segundo o autor, as desigualdades estão presentes em ambas as manifestações. Fundamentado em uma concepção freiriana, o autor ressalta a importância do diálogo com os(as) alunos(as), de forma a considerar as relações de gênero, destacando a dança e o futebol como temas privilegiados para problematização, em busca de uma prática igualitária.

Ao se debruçar na investigação sobre os sentidos de gênero que permeiam as aulas de Educação Física em turmas de Ensino Fundamental I, em escola estadual da cidade de Campinas, Fernandes (2008) constatou que os sentidos nas aulas de Educação Física das turmas do 2º e 3º anos estão marcados pelos binarismos, fundamentado em um sistema heteronormativo, mas que, ao mesmo tempo em que dita certas normas, abre espaço para relações espontâneas, que cruzam as fronteiras estabelecidas.

Ao considerar a Educação Física como uma disciplina privilegiada para a promoção da igualdade de gênero e dos Direitos Humanos, Unbehaum (2010) realiza uma análise crítica dos Parâmetros Curriculares Nacionais (PCN), no que diz respeito aos Temas Transversais e às Orientações Didáticas para a Educação Física. A autora mostra que nos documentos analisados ainda há uma visão polarizada de gênero, que não orienta os(as) profissionais de Educação Física para o tratamento das situações desiguais e discriminatórias.

Saraiva (2005) apoia-se nos estudos de Kugelmann para ressaltar contribuições que permitiram determinar separações entre meninas e meninos nas aulas de Educação Física e a indicação de quais atividades são naturalmente possíveis de acordo com o sexo: "Parece-me que Buytendijk, assim como Mockelmann e

Remplein, considerada aqui a perspectiva fenomenológica, limi-
taram-se ao 'interpretar, entender e estabelecer normas' da cons-
ciência hermenêutica, sem questionarem as condições sociais
daquilo que é encontrado" (Saraiva, 2005, p. 129).

Ao considerar os estudos de Pfister (1983), Saraiva apresenta pesquisas (Money e Ehrhardt, 1975; Allemann e Tschopp,
1979), as quais desempenharam uma tentativa de comprovar
que os aspectos biológicos (hormônios, genes, cromossomos etc.)
são determinantes para os comportamentos masculino e feminino e, sobretudo, para as diferenças entre ambos. Em uma
destas pesquisas, os autores estudaram meninas nascidas com
uma quantidade maior de hormônios masculinos do que femininos, e os pesquisadores perceberam que seus comportamentos
eram mais ativos, tendendo aos interesses masculinos. Ao final
da pesquisa, "os autores concluíram, assim, que o comportamento mais masculino é consequência de um efeito masculinizante
do androgênio sobre o cérebro do feto". No entanto, há muitas
críticas sobre essas pesquisas, na medida em que não apresentam
muita clareza e rigor para tal constatação (Saraiva, 2005, p. 91).

> Dessa forma, a análise dos argumentos biologicistas e culturais le-
> va-nos ao entendimento de que os fatores socioculturais são mais
> fortes na conformação de identidade e comportamento diferencia-
> dos para os sexos. A força da cultura e dos costumes — nos quais
> se encontram as brincadeiras, os jogos e as formas de movimento,
> que se constituem o objeto da Educação Física — tem sido escon-
> dida atrás de determinações genéticas, para proporcionar o condi-
> cionamento social desejado pelo sistema. Esse condicionamento ou
> aprendizado pode se dar via papéis relativos aos sexos, estabelecidos
> durante o processo de socialização (Saraiva, 2005, p. 101).

Justificar as separações por sexo nas aulas de Educação Física,
fundamentando-se em motivos *naturais*, parece ser uma afirmação

reducionista, que remete à necessidade de refletir sobre alguns conceitos-chave como *gênero* e *corpo*. Neste momento, a temática do corpo será tratada a partir da categoria gênero, entendendo que há necessidade de percebê-lo como um texto, uma expressão de determinada época, local, costumes e visão de mundo presente em determinado contexto e que, "sobre e a partir dele, são produzidas diversas verdades as quais, ao serem desnaturalizadas, percebe-se, contudo, sua historicidade" (Goellner, 2008, p. 28).

João Paulo Medina cita uma concepção de Educação Física "convencional" que explicita a educação do corpo:

> O seu conceito básico é que a Educação Física se constitui numa 'educação do físico'. Claro está que uma tal educação é muito mais um adestramento do que educação propriamente dita, [...] sua preocupação fundamental é com o biológico, com os aspectos anátomo-fisiológicos. Preocupa-se com os aspectos físicos da saúde ou do rendimento motor do homem. Os adeptos desta concepção definem a Educação Física simplesmente como um conjunto de conhecimentos e atividades específicas que visam ao aprimoramento físico das pessoas (Medina, 1996, p. 78).

É importante ressaltar que homens e mulheres passam por determinado *adestramento* do corpo, e até mesmo de seu comportamento, já na infância, se estendendo para a adolescência. É possível entender esse fenômeno no trabalho de Jucélia Santos Bispo Ribeiro (2006, p.156) que, em pesquisa de inspiração etnográfica realizada numa comunidade praieira da Bahia, percebe o seguinte:

> Essas relações, portanto, influenciam também o cotidiano das crianças e as atividades designadas para meninos e meninas. Com a presença ou não das mães em casa, as meninas sempre auxiliam no trabalho doméstico, visto como coisa apenas de menina, enquan-

to os garotos executam algumas poucas tarefas, vistas como próprias para garotos, como levar e trazer recados entre parentes e vizinhos, ir ao mercado fazer pequenas compras e acompanhar os pais em atividades externas a casa. Essas diferenças no tratamento dado pelos pais aos filhos e filhas refletem também no tempo para o lazer e nas formas de controle sobre o corpo, a sexualidade e o comportamento, em geral das meninas.

Esse contexto observado por Ribeiro (2006) é muito comum nas mais variadas famílias. Essa educação do corpo e até mesmo essa preocupação em dividir as tarefas são expressas também nas aulas de Educação Física. Apesar de ressaltar este adestramento, é possível dizer que existem alunas e alunos que não estão incluídos nesse contexto, eles(as) são percebidos como exceções. Eles(as) oferecem múltiplas formas de resistência, um bom exemplo disso se revela quando algumas meninas e também muitos meninos, de variadas maneiras, procuram jogar futebol juntamente com meninos considerados mais hábeis nessa modalidade esportiva. Por vezes, apresenta-se uma criança que não tenha sido socializada para determinadas habilidades ou competências, pode-se notar um corpo que não foi educado para cumprir um determinado papel na sociedade ou, até mesmo, um corpo que de alguma maneira escapou das *regras do jogo*. Assim sendo, torna-se

importante lembrar que nem todas estas crianças compõem um todo homogêneo, ainda que sejam do mesmo estrato social, partilhem os mesmos espaços da comunidade e integrem as redes de sociabilidade, principalmente pelo parentesco e vizinhança (Ribeiro, 2006 p.159).

Ao lado do contexto familiar, meninas e meninos também são submetidos(as) às construções corporais na Educação Básica, do Ensino Infantil ao Médio. Há uma educação que molda seus corpos, de modo que seus comportamentos correspondam ao que é esperado (no interior das normas de gênero). Ao realizar pesquisa em Escola Municipal de Ensino Fundamental, Auad (2004) identificou que as relações durante as aulas se dão por meio de complexas relações de poder. A autora considerou que as professoras potencializavam as diferentes habilidades entre meninas e meninos, reforçando e estimulando uma interiorização das expectativas do que é mais adequado aos meninos e do que é mais adequado às meninas.

Havia, por exemplo, crianças que cruzavam as fronteiras estabelecidas, porém, eram vistas como crianças que saíam dos padrões, como um problema, ou seja, como um caso que necessitaria de atenção individual, pois tais transgressões não eram comumente aceitas pelas professoras e demais alunas e alunos.

As relações de gênero imprimem os significados nos corpos, construindo as habilidades esperadas tanto para meninas, quanto para meninos. É possível perceber isso também a partir do estudo da pesquisadora Greice Kelly de Oliveira (1996, p. 40). Ao discorrer sobre o cotidiano das aulas de Educação Física em sua dissertação de mestrado, ela menciona que "não é raro que, mesmo contra os padrões sociais, há meninos com dificuldades motoras ou que não gostam da agressividade ou do contato físico dos jogos, e, da mesma forma, há meninas agressivas e altamente competitivas".

Além de possibilitar que se questione os conceitos de agressividade e competição e as maneiras como isso é ou não acolhido pela escola, há de se pressupor o caráter instável e não linear presente nas relações estabelecidas nas aulas de Educação Física, e sua grande complexidade. Ao considerar o artigo de Soares (1998, p.40), publicado na revista *Ciência*

Hoje, em 1988, Saraiva (2005, p. 93-94) apresenta dados que remetem aos

> aspectos culturais influenciando até mesmo a conformação física das pessoas, além de seu comportamento [...] assim, nada permite afirmar se há ou não diferenças biológicas que apoiem um melhor desempenho masculino, na prática do esporte, o mesmo podendo se dar, então, para outras instâncias da vida social.

É possível perceber, portanto, que as relações de gênero podem influenciar significativamente a construção da habilidade motora, apesar de não percebê-la como único e principal fator de exclusão durante as aulas de Educação Física. Há de se ter em vista a atribuição dos papéis masculinos, desde a socialização primária, nos primeiros anos de vida da criança, na qual estão presentes práticas como:

> jogar bola na rua, soltar pipa, andar de bicicleta, rolar no chão em brigas intermináveis, escalar muros e realizar várias outras atividades que envolvem riscos e desafios. As meninas, ao contrário, são desencorajadas de praticar tais brincadeiras e atividades. Esse tratamento diferenciado reflete em desempenho motor diferenciado (Romero, 1994 apud Rangel et al. 2005, p. 107).

Ao reforçar a afirmação do corpo como uma expressão da cultura, Jocimar Daolio (1995, p. 40) fornece um rico exemplo:

> Podemos pensar no fato de os meninos brasileiros, como se diz correntemente, 'nascerem sabendo jogar futebol'. De forma contrária, ainda segundo o senso comum, podemos dizer que as meninas brasileiras, além de não nascerem sabendo, nunca conseguem aprender a jogar futebol. Ora, o primeiro brinquedo que o menino ganha é uma bola. Como se não bastasse o estímulo do material, há todo um reforço social incentivando-o aos primeiros chutes, ao contrário

da menina, que, afora não ser estimulada, é proibida de brincar com bola utilizando os pés. As aptidões motoras também fazem parte do processo de transmissão cultural.

Assim, é possível perceber como, mesmo nos aspectos percebidos como naturais e biológicos, o corpo é, em um só tempo, expressão da cultura e, por ela, formado e influenciado.

Sousa (1994) mostra que o Estado, a Medicina, o Exército, a Igreja Católica, a Família e a Indústria Cultural influenciaram fortemente os valores de ampla socialização em nossa sociedade, cuja multiplicação pela escola foi algo cumprido como uma tarefa civilizatória. Em Belo Horizonte, local em que realizou sua pesquisa, a autora salienta que as construções dos corpos femininos e masculinos se davam a partir de pressupostos biopsicológicos, que, atrelados aos conteúdos de ensino, impunham uma ideia que masculinizava os esportes e, em contrapartida, feminilizava as atividades artísticas.

Ao considerar os Estudos Culturais e de Gênero, ampliando seu olhar para além dos espaços escolares, Sandra dos Santos Andrade (2008b) discorrem sua dissertação de mestrado, em que foi realizada uma análise da revista *Boa Forma*, mostrando que os discursos encontrados nessa revista feminina estão permeados por relações de poder, "poder de regular as condutas, de dizer como agir, o que comer, que atividades físicas praticar, em que horário e local, que roupas estão na moda etc." (p. 120). A autora destaca como a mídia pode produzir *pedagogias culturais*, que têm como principal objetivo agir sobre determinadas representações de corpo veiculadas no dia a dia das pessoas, exercidas a partir de diferentes instâncias de socialização, que ensinam como as pessoas devem agir.

Ao tratar das mídias no Ensino Fundamental e Médio, Mauro Betti afirma que elas contribuem para a constituição da cultura corporal de movimento. Nesse sentido, Betti salienta que as mídias consistem um *problema pedagógico* para a Educação Física Escolar, havendo clara necessidade de que, ao considerar essa premissa, as mídias também sejam parte do processo educativo. Assim, elas podem contribuir para a formação de alunas e alunos para que apresentem uma "relação crítica e criativa com os discursos difundidos por esses meios" (Betti, 2006, p. 96).

Na mesma direção de Betti, Andrade (2008a) sugere que as professoras desenvolvam um olhar diferenciado que possibilite reflexão e análise da mídia e os efeitos de seus produtos no contexto escolar. Para isso, a autora elabora uma lista com alguns princípios que podem nortear o pensamento sobre estas questões, a saber:

- É possível analisar as propagandas pensando no tipo de linguagem que utilizam para interpelar seus possíveis consumidores, os verbos que empregam, as imagens que mostram, os ensinamentos que veiculam.

- Visitar *sites* na internet que fazem apologia ao corpo magro ou malhado e os produtos que vendem pode ser produtivo para discutir com o grupo de alunos(as) homossexualidade, violência contra a mulher, o romance com pessoas da Igreja, as concepções de escola e de docência etc.

- Pensar os programas veiculados pela TV, os que se dizem destinados às mulheres, aos homens, às crianças, o que veiculam: quais os temas e como são abordados, com que frequência, em que canais etc.

A partir desse olhar, a autora reforça a importância de que haja um "trabalho de desconstrução daquilo que é visto como natural". Desse modo, por meio de problematização das ideias veiculadas pela mídia, os(as) alunos(as) terão oportunidade de refletir e perceber as construções e as produções sociais e culturais (Andrade, 2008a).[2]

Ao realizar uma pesquisa com adolescentes do sexo feminino em uma escola particular de Belo Horizonte, Vanessa Guilherme Souza (2008), constatou uma possível ritualização dos corpos. Apesar de a pesquisa não ter sido fundamentada nas relações de gênero, pôde ser observado que há resistência por parte das meninas em relação a determinadas atividades oferecidas pelo(a) professor(a). Os rituais observados são formas padronizadas de agir que, consequentemente, são transportados para as aulas, interferindo nas concepções de corpo e na escolha das atividades. Segundo a autora, "o professor de Educação Física tem de atuar, considerando os significados atribuídos ao corpo, construídos culturalmente", e completa o raciocínio afirmando que a Educação Física deve se propor a

> privilegiar não o movimento em si, mas uma movimentação das adolescentes e dos adolescentes no sentido contrário ao discurso da competição de mercado, às práticas prontas e aos modismos sobre o corpo (Souza, 2008, p. 129).

Percebe-se, portanto, que há possibilidade de tratar estas questões também como um "problema de gênero", pois as relações vão se entretecendo com as ações, atitudes e decisões no dia a dia das pessoas, configurando as diferentes representações de corpos e, consequentemente, seus mais variados comportamentos. Dessa forma, procura-se perceber como meninas e

---

2. Sobre a leitura crítica dos meios e a consideração tanto da categoria gênero quanto da perspectiva feminista nesse processo, é possível acessar produções da pesquisadora e professora da Universidade Federal de Juiz de Fora Cláudia Regina Lahni (2010a, 2010b, 2011).

meninos estão a todo tempo entremeadas(os) em um campo de relações de poder que buscam legitimação de significados e que produzem sentidos, muitas vezes levando às diferenças hierarquizadas que resultam num "emaranhado de exclusões" (Altmann, 1998, p. 54).

Partindo-se de tais constatações, percebe-se a importância de se considerar o corpo também como uma construção que sofre influência e é constituído, constantemente, pelas relações de gênero, havendo a necessidade de uma análise no sentido de questionar como são as construções dos corpos nas *misturas* e separações da Educação Física, com o intuito principal de direcionar para uma Educação Física Escolar Coeducativa.

A relação entre Coeducação e Educação Física Escolar, a partir desta abordagem, será debatida no quarto capítulo do presente estudo. Para o momento e para o bom andamento da leitura, vale notar que, ao referir-se à coeducação, este estudo é pautado no conceito engendrado no seio da tese de doutorado da pesquisadora Daniela Auad, a partir do qual o termo é conceituado da seguinte forma:

> Refiro-me à coeducação como um modo de gerenciar as relações de gênero na escola, de maneira a questionar e reconstruir as ideias sobre o feminino e sobre o masculino. Tudo isso só será possível mediante a atribuição de igual valor ao feminino e ao masculino, vistos como elementos não necessariamente opostos ou essenciais (Auad, 2004, p. 167).

Nessa perspectiva, uma Educação Física Escolar Coeducativa promoveria a igualdade de valorização entre o masculino e o feminino, assim como o debate dos significados acerca do que conhecemos como masculino e como feminino, a partir da percepção da existência de diferentes masculinos e diferentes femininos. Esses múltiplos femininos e masculinos seriam — todos eles — passíveis de mérito e de valorização em variados contextos. Tal projeto igualitário tornaria as vivências corporais não enclausuradas no âmbito de um ideal modelar para meninos e para meninas, padronizado no que é aceito como habilidade e como competência para cada um dos sexos. Trata-se de uma perspectiva na qual a noção de habilidade é também desconstruída e, a partir disso, paradigmas e práticas da área de Educação Física Escolar são questionados.

3

A igualdade de gênero e a Educação Física Escolar

Ao tratar do debate internacional sobre a escola mista, fundamentando-se, principalmente, nos estudos de Claude Zaidman, Auad (2004) mostra que a implantação da escola mista, apesar de ter sido um avanço, não foi suficiente para acabar com as diferenças hierarquizadas estabelecidas neste contexto. Nesse sentido, corroborando o que postula a socióloga francesa, Daniela Auad se posiciona a favor da escola mista e afirma que apenas *misturar* não é o suficiente para promover uma prática coeducativa. As *misturas* de meninas e meninos na escola e fora dela influenciam as relações de gênero, como uma importante estratégia para o término das desigualdades. Apesar disso, ainda há necessidade de uma ação orientada, como a inserção de políticas públicas de coeducação.

De acordo com o exposto, há muitos estudos voltados para a Educação Física Escolar que defendem as *misturas* entre meninas e meninos, partindo da ideia de que haverá *automaticamente* a coeducação. Na Educação Física, parece que tal debate necessita de maior aprofundamento. Apesar de hoje a maioria das escolas serem mistas, as aulas de Educação Física ainda são fortemente influenciadas por uma tradição marcada por uma visão corporal pautada nas assertivas advindas da Biologia, as quais por muito tempo contribuíram — e por vezes continuam contribuindo — para a não realização de aulas nas quais meninas e meninos interajam em experiência de cooperação e igual valorização de múltiplas competências, habilidades e atributos.

Ao partir das observações realizadas em pesquisa e em docência, e tomando todo o cuidado para não permitir generalizações, é possível ressaltar que a Educação Física Escolar ainda não superou totalmente a característica histórica marcada pelas separações entre meninas e meninos, apesar de muitos estudos demonstrarem as vantagens das *misturas* em favor de uma escola democrática. Assim, é de suma importância o reconhecimento de que com aulas *coeducativas* — e não apenas aulas nas quais se misturam meninas e meninos — é que poderemos lutar por uma Educação Física Coeducativa.

É possível encontrar registros que identificam as primeiras experiências de escolas mistas por volta de 1870 (Auad, 2004, p. 140). Sousa (1994, p. 210) discorre, em sua tese de doutorado, sobre a história da Educação Física na cidade de Belo Horizonte, entre o período de 1897 e 1994. Tendo o gênero como categoria norteadora de sua pesquisa, a pesquisadora da Pontifícia Universidade Católica de Minas Gerais ressalta que os dados de seu estudo evidenciam que, ao longo do tempo, a escola cuidou da manutenção da separação e da hierarquização entre homens e mulheres, através da utilização, com sucesso, de diferentes mecanismos, mesmo após a introdução da escola mista. Na mesma direção do que afirma Sousa, Auad conclui que

A escola mista é um meio e um pressuposto para que haja coeducação, mas não é suficiente para que esta ocorra. Em uma escola mista, a coeducação pode se desenvolver, mas isso não acontecerá sem medidas explicitamente guiadas por parte das professoras e amparo de políticas públicas que objetivem o fim da desigualdade de gênero, no âmbito educacional. A coeducação, assim como a educação para a democracia, só existirá com uma educação adequada e sistematicamente voltada para a sua existência e manutenção (Auad, 2002-2003, p. 138).

Não só a Educação de um modo amplo, mas a própria Educação Física Escolar não são capazes de promover a coeducação exclusivamente com aulas mistas, sem que exista um conjunto de ações mais amplo e sistematizado na direção da igualdade de gênero. Como alerta Auad,

> Diferencio escola mista de coeducação para alertar que a "mistura" de meninos e meninas no ambiente escolar é insuficiente para o término das desigualdades. Isso só irá ocorrer quando, além de garantir a convivência entre os sexos masculino e feminino, também forem combatidas a separação e a oposição de gêneros masculino e feminino (Auad, 2006, p. 55).

Saraiva (2005) se posiciona a favor de um modelo de Educação Física Coeducativa. A autora aponta alguns princípios norteadores que podem contribuir para uma concepção coeducativa, tais como: favorecer a prática de atividades conjuntas entre meninos e meninas; proporcionar outros significados às modalidades que apresentam certas características como o rendimento; a importância da participação do(a) professor(a), que deve oferecer um tratamento igual em relação a meninas e meninos, assim como fazer as mesmas exigências para ambos; aproveitar os *problemas* ocorridos durante as aulas para sua problematização.

Claudia Kulgeman (2006) discorre sobre as desigualdades no esporte, ressaltando a enorme dificuldade enfrentada pelas mulheres nesse campo, assim como no mercado de trabalho. A autora propõe que, durante as aulas de Educação Física, sejam experienciadas diferentes atividades, cujas características possibilitem um equilíbrio entre meninas e meninos, considerando-se os aspectos femininos e masculinos percebidos como positivos ou como negativos para ambos os sexos, quando da realização de determinados esportes, salientando a necessidade de aulas mistas com o objetivo de atingir a coeducação.

Da mesma forma, em pesquisa de mestrado realizada num colégio situado em Santa-Fé de Bogotá, na Colômbia, com o principal objetivo de entender como se dão as relações de gênero à luz das características biologizadas e esportivizadas de Educação Física, Duran (1999, p. 109) aponta que, para que seja engendrado um modelo coeducativo na escola, seriam necessários alguns elementos como:

- reconhecimento das discriminações de gênero;
- reconhecimento das potencialidades dos indivíduos independente do sexo;
- transformação dos estereótipos sexistas persistentes nos esquemas conceituais;
- reconhecimento de homens e mulheres como sujeitos históricos os quais têm aportado ao desenvolvimento da humanidade da mesma maneira;
- igualdade de condições para desenvolverem aptidões físicas e intelectuais sem distinção de gênero;
- uma mudança de atitude dos professores e professoras para valorizar as diferenças.

Partindo dessa premissa, é possível perceber que não é suficiente apenas resistir às separações entre meninos e meninas, favorecendo as *misturas* durante as aulas de Educação Física. Como já foi mencionado, apenas *misturar* meninas e meninos não significa promover a coeducação, embora aquela seja fundamental componente para o alcance desta. Para inserir a Educação Física como um componente curricular que, assim como as outras disciplinas, tem como um de seus objetivos não permitir que a desigualdade seja potencializada durante as aulas, é necessário refletir sobre as construções do corpo. Este foi, por muito tempo, visto pelos profissionais da área como apenas um corpo orgânico, fato que acabou legitimando uma determinada cultura no cotidiano das aulas de Educação Física, pois a forma como o profissional entende o corpo acaba refletindo na forma como as aulas são desenvolvidas (Daolio, 2008, p. 42). Há, assim, a necessidade de se considerar o corpo como uma construção cultural, que constitui e é constituído pelas relações de gênero, as quais permeiam as aulas de Educação Física.

Neíse Gaudêncio Abreu (1990) discorre sobre sua pesquisa realizada em 1990, com alunos e alunas entre 13 e 17 anos de idade e professores e professoras, tendo como um dos principais objetivos proporcionar uma reflexão sobre os papéis socialmente atribuídos a mulheres e homens e sua relação com a Educação Física para ambos. Ao considerar essa pesquisa e como forma de complementá-la, a autora realizou outra pesquisa, observando crianças e adolescentes de 7 a 12 anos e professores e professoras, entre o período de 1990 e 1994. É importante ressaltar as duas principais questões que foram norteadoras de sua pesquisa:

- A Educação Física, em sua ação pedagógica, ao optar por aulas separadas ou mistas, está mantendo valores conservadores nas relações humanas, deixando de oportunizar questionamentos na formação dos educandos?

- Por meio da separação das turmas por sexo nas aulas de Educação Física, há uma negação de possíveis conflitos que poderiam ser questionados e trazidos em debate a respeito das relações humanas?

Segundo a autora, a maioria dos(as) professores(as) relatou que trabalham com turmas separadas por sexo por estarem obedecendo à legislação em vigor. Entretanto, a autora não informa qual legislação foi retratada pelas professoras. Parece que a referida legislação diz respeito ao Decreto n. 69.450, de 1º de novembro de 1971, que regulamenta o artigo 22 da Lei de Diretrizes e Base n. 4.024/61, posteriormente revogada pela Lei n. 9.394/96. Este decreto, ao tratar dos

> padrões de referência para orientação das normas regimentais da adequação curricular dos estabelecimentos, bem como para o alcance efetivo dos objetivos da educação física, desportiva e recreativa, no artigo 5º, inciso III, dispõe que "quanto à composição das turmas, 50 alunos do mesmo sexo, preferencialmente selecionados por nível de aptidão física" (Brasil, 1971).

De acordo com Mauro Louzada de Jesus, Sebastião Votre e Fabiano Devide (2007), após a Segunda Guerra Mundial, ao se buscar o alto rendimento e a aptidão física nas aulas de Educação Física, passou-se a sugerir turmas separadas entre meninas e meninos. Logo, estes objetivos *educacionais* poderiam ter influenciado a promulgação da lei citada acima.

Como visto, trata-se de uma lei promulgada aproximadamente 20 anos antes da data de realização da pesquisa de Abreu (1990), que afirma que a lei não é exigente, pois não há qualquer tipo de imposição ou supervisão, tendo em vista que ela, apesar de ainda se manter em vigor, é muito antiga, não havia acompanhado as mudanças sociais ao longo do tempo e já havia *caído no esquecimento*. Por outro lado, ainda assim servia de argumento para alguns(mas) professores(as). A alteração dessa lei e extinção desse artigo da LDB se deu no ano de 1996, data posterior ao estudo de Abreu.

Os(as) docentes apontam aspectos positivos para as separações, tais como: gasto menor de tempo em conflitos, gasto menor de tempo em relação ao ensino e uma performance maior durante as aulas. Quanto aos aspectos negativos das aulas separadas, os(as) docentes apontaram, principalmente, a falta de integração entre meninos e meninas. Ora, é fácil perceber que, ao apontar aspectos positivos em relação às separações, as professoras e os professores demonstraram determinada visão de Educação Física Escolar e, consequentemente, de corpo. Isso pode ser claramente percebido no momento em que citam que as separações podem gerar uma performance maior durante as aulas e que teriam menos conflitos.

Ao considerar esses relatos, vemos que essas professoras e esses professores ainda estão influenciados por uma visão de Educação Física Escolar que prioriza a performance como objetivo primordial a ser alcançado nas aulas. Essa visão se coaduna com o que, historicamente, foi desenhado como objetivos a serem atingidos por meio da Educação Física enquanto disciplina escolar, tais como o rendimento esportivo, a preparação física e a promoção da saúde.

Nesse sentido, conclui-se que, para que seja possível a construção de uma Educação Física Escolar Coeducativa, há necessidade, primeiramente, de se repensar o próprio entendimento de Educação Física e seus objetivos no ambiente escolar, assim como entender o corpo como uma construção cultural, constituído, também, pelas relações de gênero. Ao lado disso, há se de reiterar que, através das aulas, é possível que professoras e professores proporcionem situações que problematizem as questões de corpo e gênero, permitindo aos(às) alunos(as) que reflitam sobre os processos históricos que desencadearam determinadas formas de perceber o feminino e o masculino nos diversos temas da Cultura Corporal, abrindo espaço para as resistências estabelecidas por alunas e alunos que sofrem pelas desigualdades inseridas e construídas na escola. Nesse contexto, também seriam debatidas, repensadas e possivelmente transformadas as concepções de performance, rendimento, saúde, normalidade, habilidade e competência.

Um dos possíveis caminhos poderia ser a consideração das teorias pós-estruturalistas, que contribuem para e permitem a desconstrução de determinadas representações, tidas como *verdades,* e que estão legitimadas na cultura escolar (Souza Junior, 2003). Os olhares que rejeitam as naturalizações, potencializados pelas teorias pós-estruturalistas, permitem desconstruir e redefinir as relações desiguais de gênero no ambiente escolar, com o intuito de contribuir para a efetivação de uma Educação Física Escolar Coeducativa.

4
Misturas e separações

Ao nos servir principalmente dos Estudos de Gênero de orientação pós-estruturalista (Scott, 1990; 1995; Walkerdine, 1995; Louro, 1997; Nicholson, 2000; Auad, 2004; Meyer, 2008) e dos Estudos Culturais (Hall, 1998; 2000; Silva, 2009), tornou-se imprescindível perceber a escola como uma instituição marcada por práticas discursivas, que se configura como um campo de lutas por significados, de lutas simbólicas e de relações de poder. Essas relações nem sempre são explícitas e operam também por meio do silêncio. Ao mesmo tempo em que ditam o que é ser uma mulher e o que é ser um homem, são e podem ser radicalmente questionadas através das práticas cotidianas, expressas nas diferentes linguagens.

Ao realizar pesquisa sobre as relações raciais na Educação Infantil, a pesquisadora Eliane Cavalleiro (1999; 2000) chamou a atenção para as múltiplas formas de silenciamento do racismo, do preconceito e da discriminação, tanto por alunos(as) e professoras quanto pelas famílias dos(as) alunos(as). A autora concluiu que na escola são oferecidas às crianças diversas possibilidades de construção de identidades marcadas por pressupostos

preconceituosos e discriminatórios em relação aos(as) negros(as).
Essas aprendizagens também são marcadas pelo silenciamento,
que garante, de certa forma, o não aparecimento dos conflitos,
assegurando e fortalecendo certo conformismo e, ao mesmo
tempo, uma falsa sensação de democracia racial.

Ao considerar essa premissa, pode-se perceber, nas observações realizadas na Escola do Princípio, que as relações de gênero nas aulas de Educação Física também são profundamente
marcadas pelas *aprendizagens do silenciamento*[1] (Corsino, 2011).
Se, por um lado, esse fato contribui para a manutenção de um
ambiente pacífico, no qual as aulas são tranquilas, com pouquís-
simos momentos de interrupção por surgimento de conflitos,
por outro, contribui para que as aulas sejam marcadas pelas
construções de identidades conformistas, no que se refere às
assimetrias de gênero no espaço escolar. Tendo em vista que, por
muitas vezes, os silêncios podem revelar aspectos profundamente importantes para o contexto em que são realizadas as diversas
práticas discursivas, isso pode ser interpretado nas palavras de
Foucault (1988, p. 34), quando ele afirma que "não existem um
só, mas muitos silêncios e são parte integrante das estratégias
que apoiam e atravessam os discursos".

Na Escola do Princípio, os professores das turmas observadas dividiam as aulas em teóricas e práticas, sendo que as teóricas aconteciam na sala de aula e as práticas na quadra.[2] Ao iniciar
as observações das aulas, houve preocupação em entender, primeiramente, como alunas e alunos se organizavam e eram orga-

---

1. Expressão utilizada pela autora em sua pesquisa para mostrar como as discriminações
de raça são silenciadas no dia a dia da escola, principalmente, para o impedimento dos
conflitos.

2. Nesse contexto, aula teórica corresponde a todas as aulas realizadas dentro da sala de
aula. Aula prática corresponde a todas as aulas realizadas na quadra. Tal nomenclatura objetiva
transcrever as maneiras como os professores se referiam a esse tipo de organização.

nizados no espaço da sala de aula e da quadra, a partir do ponto de vista de gênero. Os professores intervinham ou se omitiam nas formas de organização e, consequentemente, poderiam ser constituídas diferentes identidades dos sujeitos submetidos aos diferentes processos de aprendizagem, construindo corpos definidos e delineados pelas representações usuais e tradicionais acerca do masculino e do feminino, corpos esculpidos pelas relações de gênero cristalizadas a partir das oposições binárias.

Em relação à sala de aula, foi possível perceber que não há, por parte dos professores, consideráveis exigências em relação à forma de organização no que se refere à ordem em que alunas e alunos deveriam se acomodar. Ao chegar à sala de aula, eles(as) já possuíam seus locais específicos em que estavam acostumados(as) a se acomodar. A escolha pelos locais de acomodação ficava a critério dos(as) próprios(as) discentes. Isso se apresentou em todas as turmas observadas e proporcionava às meninas e aos meninos a possibilidade de se sentarem de modo que favorecesse as *misturas* (Auad, 2004; Corsino, 2010; 2011).

Em todas as aulas observadas, os rituais eram os mesmos, meninas e meninos entravam na sala de aula, o professor realizava a chamada e, logo em seguida, verificava quais alunos(as) estavam vestidos(as) com trajes inadequados para as vivências práticas (geralmente, calça jeans ou sandálias) e anotava no diário de classe, com exceção dos dias em que as aulas seriam teóricas.

Durante uma das aulas teóricas observadas, o professor questionou se os(as) alunos(as) gostavam de futebol. Todas as meninas e a maioria dos meninos levantaram a mão, porém, um dos meninos não levantou. O professor indagou o porquê, e o menino disse, ironicamente: "Eu não, eu gosto de brincar de boneca".[3]

---

3. Todas as falas anotadas nos momentos de observação foram transcritas da mesma forma que foram faladas, com o intuito de manter a originalidade das expressões.

Após a brincadeira, todos(as) que estavam na sala "caíram na gargalhada", inclusive o professor, parecendo concordar com a ironia do aluno.

Nesse caso, a postura assumida pelo professor — de não questionamento e de riso ao lado das alunas e alunos — impediu que fosse realizada uma reflexão sobre o assunto. Ele poderia se posicionar criticamente em relação à brincadeira do menino, mas, ao contrário, ao sorrir e não se posicionar, o professor reforçou o significado implícito na frase dita pelo menino, que, de forma debochada, demonstrou ser óbvio que ele gosta de futebol porque é homem, e se não gostasse estaria brincando de boneca, pois é "coisa de menina". Além disso, assumir uma atividade que seria do sexo oposto ao seu é algo tratado com deboche e não passível de debate e questionamento.

Este tipo de discurso percebido na situação relatada é muito comum no cotidiano em nossa sociedade. Ao se posicionar de tal forma, o aluno apenas está reproduzindo o que é disseminado, diariamente, tanto nas relações interpessoais, conversas no trabalho, na família, com os(as) amigos(as), quanto pelos meios de comunicação de massa, como é o caso da televisão, da internet, das revistas impressas e outras diferentes mídias que permeiam as relações sociais. Um sujeito do sexo masculino assumir algo que corresponda, no âmbito das relações de gênero tradicionais, ao que conhecemos como típico do universo feminino causa riso, deboche e ironia. A situação extrema na qual essa mentalidade é levada ao limite corresponde à homofobia, que agride, violenta e mata diariamente homens e mulheres em território nacional até os dias de hoje.

Não só nessa aula, mas em outras aulas, foi possível observar práticas discursivas de alunas(os) e professores que influenciam a construção do que é ser homem ou mulher, potencializando as diferenças hierarquizadas que resultam no aprofundamento das desigualdades. Foi possível perceber isso em uma aula na qual um menino reclamava para o professor sobre os colegas, também meninos, de estarem "tirando uma com a cara dele".[4] No momento, o professor advertiu os alunos brincalhões, mas, em seguida, dirigiu-se ao pesquisador e disse: "Esse menino vive chorando, por isso que pegam no pé dele, parece uma moça". Outro exemplo de práticas discursivas que contribuem para a constituição da identidade pode ser representado por outra aula teórica em que, após a chamada, um aluno dirigiu-se ao pesquisador, com claro tom de indignação e questionou: "Adivinha qual número que deram pra mim? [...] Foi o número vinte e quatro, no jogo do bicho significa viado".

Note-se que, em todo o parágrafo, não foi mencionada nenhuma situação envolvendo meninas, fato que exemplifica as construções de gênero elaboradas exclusivamente em grupos formados apenas por meninos e homens, em relações que também estabelecem diferenças hierarquizadas do ponto de vista de gênero. Vale notar que em grupos compostos apenas por meninas também ocorrem relações de gênero desiguais e que reforçam os tradicionais entendimentos sobre o que é idealmente masculino ou feminino.

Ao discorrer sobre as práticas escolares que ocorriam no pátio da escola pesquisada, Auad (2004) relata que havia um duplo discurso da instituição expresso pelas professoras. Ao se referir aos grupos de alunas e alunos, as professoras não faziam nenhum tipo de diferenciação, utilizando-se de palavras como *alunos* ou *classe*. Para a autora, "tal neutralidade remete a um discurso no qual se observa a adoção do masculino genérico" (Auad, 2004, p. 96), desconsiderando seu sexo, assim como o masculino e o feminino dos sujeitos. Contudo, Auad ressalta

---

4. Expressão utilizada para designar quando alguém está zombando de outrem.

que as professoras não estavam conscientes de que tal postura poderia potencializar as diferenças hierarquizadas entre o feminino e o masculino, pelo contrário, elas acreditavam que tal neutralidade poderia contribuir para a promoção da igualdade.

Durante as observações das situações ocorridas na quadra da Escola do Princípio, foi constatada uma postura parecida dos professores de Educação Física nas aulas. Porém, é possível reiterar que, apesar de os professores, em acordo com as percepções expostas acima, também adotarem tal neutralidade (silenciamento) no que diz respeito ao modo de se referir aos grupos de alunas e alunos, ao conversar com o pesquisador sobre aspectos pedagógicos de suas aulas, sempre faziam questão de exaltar o sexo dos(as) participantes do processo. Nesse sentido, foi possível perceber que, muitas vezes, o sexo era um importante argumento para as diferenças de rendimento de alunas e alunos durante as aulas.

Talvez seja esse também um argumento para a separação dos(as) alunos(as) por sexo, no que se refere às formas de organização das aulas práticas (na quadra). Dornelles e Fraga (2009) identificaram duas *modalidades* referente às formas de organizar as turmas separadas por sexo:

> A primeira delas pode ser considerada, talvez, como *extraoficial*, a partir dos "olhos" da estrutura escolar, pois se estabelece no interior das aulas de educação física. Nesses casos, as turmas constam oficialmente como mistas, mas são separadas durante o trabalho desta disciplina [...] Uma segunda *modalidade* de separação é aquela oficialmente constituída e conformada pelo aparato escolar, visto que, nesse caso, é necessário que a escola contribua na criação de uma estrutura que possibilite a distribuição de meninos e meninas em turmas separadas especificamente para as aulas de educação física. Aqui, uma das formas de separação configura-se quando duas turmas são divididas em meninos e meninas.

Somam-se os meninos de uma turma com os meninos da outra turma; e faz-se o mesmo com as meninas. As duas turmas mistas (nos momentos de atividades em sala de aula) são transformadas em uma turma inteira de meninos e uma turma inteira de meninas, especificamente, nas aulas de educação física (Dornelles e Fraga, 2009, p. 151-153).

Em relação à primeira modalidade, havia duas formas de separação. A primeira consistia em uma divisão do mesmo espaço para meninas e meninos realizarem as vivências. A segunda consistia em uma divisão do tempo de participação e utilização da quadra entre meninas e meninos. Sobre essa forma de organização, os(as) autores(as) contestam o pouco tempo disponibilizado para participação nas aulas, apresentando os seguintes argumentos:

> Numa análise estritamente baseada na legislação vigente e nas orientações pedagógicas, dá para dizer que esta estrutura de aula não atende às exigências mínimas de carga horária estabelecida pelos sistemas de ensino municipais, estaduais ou federais para o componente curricular obrigatório educação física, algo que traz prejuízos quanto ao conhecimento a ser desenvolvido e às possibilidades de experimentação corporal para os(as) estudantes (Idem, p. 151-152).

Na Escola do Princípio, ao encontro do que foi observado pelos(as) autores(as) na primeira *modalidade* de separação, os professores separavam as turmas entre meninas e meninos, na maioria das vezes. Para esses professores, tais separações também poderiam ser um importante indicador de tranquilidade e, consequentemente, poderia contribuir para a igualdade, evitando-se os conflitos de gênero. Essa atitude dos professores decorre do que Cavalleiro (1999) denominou de "aprendizagem do silenciamento", considerando-se que nas separações há diversas manifestações silenciosas, que produzem as diferenças hierarquizadas.

Tomemos, como exemplo, o relato de um professor durante uma aula de Educação Física: "Eu tenho uma turma muito indisciplinada, eles brigam de porrada em todas as aulas, por isso eu separo a turma entre meninos e meninas, divido o tempo na metade". Assim, meninas e meninos teriam o mesmo tempo para vivenciar a atividade. Para esse professor, tal atitude é favorável e contribui para a promoção da igualdade pelo fato de o tempo ser dividido igualmente, nem meninos e nem meninas teriam maior tempo de vivência. No entanto, o professor estaria alimentando uma falsa ideia de igualdade, pois, apesar de oferecer condições iguais de acesso e permanência na atividade, o professor não considera a convivência igualitária entre meninas e meninos, separando-os e impossibilitando a promoção da coeducação (Corsino, 2011; Auad, 2004; Altmann, 1999;).

Assim como foi identificado na situação relatada pela pesquisadora Daniela Auad, esse professor pode não ter considerado que, mesmo ao separar as turmas por sexo, pode contribuir para a construção das diferenças hierarquizadas, mas, dessa vez, numa perspectiva de "aprendizado da separação", ou seja, numa situação em que os conflitos de gênero são negados, mas que, ao mesmo tempo, estão presentes implicitamente e constroem identidades a partir das práticas de subjetivação.

É importante enfatizar ainda que, mesmo em turmas separadas por sexo, ainda são produzidos mecanismos que operam a favor das diferenças hierarquizadas de gênero, pois estas relações não são exclusivas de grupos *misturados*. As relações de gênero operam, também, em grupos formados apenas por meninos ou apenas por meninas (Auad, 2004), como foi apontado anteriormente. Contudo, essa falsa igualdade alimentada pelo professor está fundamentada no sistema de oposições binárias, desconsiderando as relações de poder como produto das assimetrias de gênero estabelecidas em nossa sociedade.

Não só as situações ocorridas em sala de aula, mas também as situações ocorridas no pátio eram tratadas a partir dessa neutralidade percebida por Auad. Ao fazer um contraste com o estudo de Zaidman (1995), a autora relata que, ao contrário de suas constatações e mais próximo do que pude perceber nos comentários dos professores da Escola do Princípio, a pesquisadora francesa menciona que as professoras da escola pesquisada por ela comentavam sobre as separações por comportamentos e jogos. Nesse sentido, seria importante investigar se, assim como nas situações ocorridas no pátio das escolas da realidade francesa, as aulas de Educação Física de tal ambiente são pautadas nas separações sexuadas por comportamentos e jogos.

Como forma de organização das aulas na quadra, Abreu (1990) observou que os conteúdos eram diferenciados em relação ao sexo, fato este que também foi observado por Corsino (2011) durante as observações em aulas de Educação Física, mas isso acontecia quando os professores aplicavam uma aula que chamavam de *aula livre*.[5] Nestas aulas, os(as) alunos(as) ficavam *livres* para escolher a atividade, sendo que, geralmente, as meninas escolhiam *jogar* voleibol e pular corda, e a maioria dos meninos escolhia *jogar* futebol, enquanto a outra parte, o basquetebol.

Durante as aulas que são chamadas pelos professores de *aulas livres*, os meninos ocupavam a maior parte dos espaços da quadra. Por muitas vezes foi ao observar estas *aulas livres* que foi possível constatar que meninos jogavam futebol ocupando uma

---

5. *Aula livre* é o nome que os professores atribuíam às aulas em que alunos(as) não eram *obrigados(as)* a realizar nenhum tipo de atividade. Na maioria das *aulas livres* observadas, alunas e alunos se organizavam nos espaços para escolher as atividades de sua preferência. Porém, não se entende que os(as) alunos(as) estavam livres para as escolhas, considerando-se que os aspectos de socialização relacionados à família, mídia e escola influenciam nessas escolhas.

metade da quadra, enquanto a outra metade era utilizada por outros meninos que jogavam basquetebol. No canto lateral da quadra, do mesmo lado, ou em alguns momentos do lado de fora da quadra, ocupando um pequeno espaço do pátio, ficavam as meninas, na maioria das vezes formavam círculos e "jogavam" com uma bola de voleibol ou pulavam corda. Por diversas vezes, ao passar pelo espaço que os meninos ocupavam, eles chamavam atenção com palavras de baixo calão ou chutavam a bola na direção delas, que rapidamente retornavam para o canto da quadra.

Altman (1999) aponta, a partir de suas pesquisas, que os espaços escolares geralmente são dominados pelos meninos nos esportes. Não obstante, Auad (2004, p. 170-171) descreveu, em sua tese de doutorado, as diversas práticas polarizadas que ainda permeiam as práticas escolares. Para exemplificar apresentamos três delas aqui:

- Utilização das diferenças de comportamento entre meninas e meninos, como se fossem dados essenciais, para facilitar a condução da disciplina na classe e no pátio. Tal prática se mostrava, por exemplo, na motivação dos grupos de afinidade no pátio, tendo como critério a separação por sexo entre as crianças, e na organização das salas de aula em colunas compostas por duplas de meninas e de meninos.

- Percepção dos meninos em tendência maior a dominar os grandes espaços. Tal traço foi coletado no recreio a partir de dois dados: (1) a existência de jogos mistos com reforço de polaridade e hierarquia entre o masculino e feminino, como 'beijo, abraço, aperto de mão', 'Menino pega Menina' e 'Menina pega Menino', e (2) a presença dos meninos em todas as atividades em que era necessário e possível correr e expressar-se com o corpo de modo amplo.

- Ocupação diferenciada de pátios e quadra pelos meninos e meninas. Isso ocorria no recreio, quando os meninos ocupavam dois pátios e uma quadra para jogarem futebol. Quanto às meninas, elas ocupavam os cantos laterais do pátio, ao pularem elástico, corda e ao conversarem. Existiam jogos mistos, mas vale notar que os meninos sempre estavam em todos os jogos de movimento, ao passo que as únicas atividades do recreio que não implicavam corrida e amplos movimentos, como passear e coversar, eram desempenhadas apenas por meninas. Não observei nenhuma atividade de pátio, na hora do recreio ou na hora da entrada, na qual apenas as meninas ocupassem espaços amplos da quadra, como é o caso do futebol para os meninos. Assim, ocorria a separação em grupos de meninos e meninas nos jogos na escola, como se os próprios jogos agissem como práticas que ensinassem meninas e meninos que há jogos barulhentos e agitados a serem realizados pelos meninos, e jogos discretos e limitados no espaço a serem realizados pelas meninas.

Auad denomina esse tipo de prática de "aprendizado da separação", que pôde ser observado em vários exemplos na escola pesquisada por ela (Auad, 2004).

Em pesquisa de mestrado realizada em escola estadual de São Paulo, Corsino (2011) observou que em todas as turmas acompanhadas por ele havia em comum o fato de que a maior parte dos participantes efetivos das aulas era do sexo masculino, enquanto muitas meninas não participavam e ficavam nas laterais da quadra executando diversas atividades paralelas, como conversar, ouvir música no celular, jogar *uno* e até mesmo formar uma espécie de torcida dos times que estavam praticando futebol ou outro esporte.

Tais práticas polarizadas eram muito comuns nas aulas observadas, principalmente nos momentos em que não havia participação efetiva dos professores nas formas de organização dessas aulas. Nesse sentido, aquilo que Auad denominou "aprendizado da separação" ocorria, constantemente, durante as aulas de Educação Física e eram vistas por alguns professores como uma prática significativa, pois acreditavam nas diferenças de comportamento e habilidade entre meninas e meninos como algo essencial.

Essas formas de aprendizado identificadas por Corsino no interior das aulas de Educação Física decorrem de três principais elementos, que são responsáveis pelas práticas hierarquizadas:

- *Constituição das identidades de gênero:* a forma como as aulas eram organizadas reforçava o *jogo mistura/separação* presente em nossa sociedade, resultando em relações assimétricas que configuram o modo como as pessoas percebem a si próprias em relação às outras.

- *Construções de corpos marcados pelas relações de gênero:* os corpos são construídos nas/pelas práticas discursivas; nessa perspectiva, o corpo se insere nas *misturas* e separações das aulas de Educação Física como um forte marcador da diferença, que, portanto, produz desigualdades.

- *Desconsideração dos diferentes conflitos de gênero:* os conflitos de gênero ocorrem nos dois momentos (*misturas* e separações) de organização das aulas; no entanto, nas separações eles são menos evidentes, operam de forma mais silenciosa. Nas *misturas,* pelo contrário, eles ocorrem explicitamente, parece ser mais fácil percebê-los. A desconsideração desses conflitos, ou até mesmo a tentativa de evitá-los, nas práticas polarizadas ou não, impossibilita a problematização sobre os processos históricos que desencadeiam as representações tradicionais do que é ser homem e do que é ser mulher em nossa sociedade, sobretudo, no que diz respeito às manifestações da cultura corporal.

Por outro lado, nas observações das aulas de professores que apresentavam uma postura mais *firme* quanto à organização de suas aulas, foi percebido que, nos momentos em que havia maior cobrança para participação efetiva de alunas e alunos, as meninas participavam em número muito maior do que nos momentos em que não havia uma intervenção mais firme, independentemente de as turmas serem *misturadas* ou separadas.

Esse fato reforça a premissa de que as desigualdades de gênero podem diminuir significativamente quando há maior preocupação e intervenção dos(as) professores(as) na organização das aulas, no que se refere à interação de meninas e meninos e quanto ao que se diz e pratica no que tange as representações acerca do masculino e do feminino. Essa intervenção — essa ação orientada na direção da desconstrução das polaridades e hierarquias de gênero — corresponde a uma das ações percebidas como coeducativas, representando um passo adiante e *a mais* em relação à escola mista.

5
Conteúdos das aulas

Como vimos, ao longo das últimas décadas, inúmeras(os) estudiosas(os) têm se dedicado a pesquisar sobre questões que remetem às relações de gênero na Educação e, mais precisamente, na Educação Física Escolar (Romero, 1990; Sousa, 1994; Oliveira, 1996; Louro, 1997; Altmann, 1998; Sousa e Altmann, 1999; Duran, 1999; Souza Júnior, 2003; Auad, 2004; Saraiva, 2005; Daolio, 2008; Knijnik e Zuzzi, 2010, Corsino, 2011, entre outros). Apoiando-se em diferentes paradigmas, tais estudos têm objetivado proporcionar caminhos para uma educação democrática, todos defendendo as *misturas* durante as aulas de Educação Física, com o intuito de proporcionar aulas coeducativas e, com essa medida, combater as desigualdades presentes no âmbito escolar.

No seio do debate sobre as relações de gênero, estão algumas questões pertinentes que podem contribuir para o término das diferenças hierarquizadas dentro e fora do ambiente escolar: Meninas são diferentes de meninos? Todas as meninas são iguais? Todos os meninos são iguais? Quando devemos lutar pelas diferenças e quando devemos lutar pela igualdade?

Essas questões estiveram presentes, por muito tempo, em variados debates no interior do Movimento Feminista. Este se destaca como movimento que, desde seus primórdios e até os dias de hoje, elegeu a igualdade como um objetivo, e, há algumas décadas, também passou a reivindicar o "direito à diferença" como um objetivo a ser reconhecido (Louro, 1997, p. 46). Atualmente, há extenso debate acerca dos conceitos de igualdade, diferença e desigualdade. Longe de se ter chegado a um consenso, partimos da ideia de que não há oposição entre diferença e igualdade, ou seja, ambas estão constantemente em tensão. Nesse sentido, o questionamento sobre qual princípio deve ser adotado (igualdade ou diferença) torna-se um falso problema, pois o foco passa a ser a desigualdade, na medida em que, para haver igualdade, a diferença não precisa ser eliminada necessariamente e deve, até mesmo e em alguns casos, ser reconhecida, assumida e trabalhada de modo afirmativo.

Como uma instância de socialização permeada por estes conceitos, a escola não só reproduz as relações sociais estabelecidas pelos arranjos de gênero, raça, etnia e classe, mas também os produz e os transformam, criando sujeitos (Louro, 1997, p. 103). Nesse cenário, as aulas de Educação Física também proporcionam e são palco destas relações. Professores e professoras precisam estar atentos(as) para não permitirem que as diferenças sejam hierarquizadas de modo a produzirem as desigualdades (Auad, 2004).

As considerações tecidas neste capítulo e nos anteriores permitem que seja, a partir daqui, apresentada e analisada a *Proposta Curricular do Estado de São Paulo — Educação Física* (PPC-EF). Esta foi desenvolvida para nortear o trabalho realizado pelos(as) professores(as) durante suas aulas, na rede estadual de ensino e, consequentemente, na Escola do Princípio.

A *Proposta Curricular do Estado de São Paulo* foi implantada no ano de 2008 pela Secretaria de Educação do Estado de São Paulo em todas as escolas públicas da rede, sob coordenação de Maria Inês Fini. Considerando os resultados insatisfatórios no Saresp[1] do ano de 2005, foram enviados para as escolas os *Jornais do Aluno*, tendo como principal objetivo uma recuperação intensiva com enfoque nas estruturas linguísticas e lógico-matemáticas; para a realização da recuperação foi previsto um período de 42 dias. Além do *Jornal do Aluno*, também foram enviados outros materiais de apoio como a *Revista do Professor* e os *Vídeos de Orientação para Professores*. Essa "Proposta Curricular" objetiva, principalmente, propor um currículo para os níveis de Ensino Fundamental II e Médio, apoiando a organização escolar, a fim de proporcionar "uma melhoria de qualidade das aprendizagens de seus alunos" (São Paulo, 2008a, p. 8).

Junto à proposta, há um documento de orientações para a gestão do currículo na escola denominado *Caderno do Gestor*. Seu principal objetivo é o de apoiar os(as) dirigentes e gestores das escolas, orientando suas ações a fim de garantir o *Projeto Pedagógico*. À *Proposta Curricular do Estado de São Paulo* soma-se um conjunto de documentos denominados *Caderno do Professor*. A partir do ano de 2009, também foram enviadas às escolas cartilhas para os(as) alunos(as), conhecidas como *Caderno do Aluno*. Estes cadernos, divididos por bimestre e disciplina, foram entregues a todos os anos de Ensino Fundamental e Médio. Nos *Cadernos do Professor*, são apresentadas estratégias de aprendizagem, a fim de orientar as ações dos(as) professores(as), sugerindo "métodos e estratégias de trabalho nas aulas, experimentações, projetos coletivos, atividades extraclasse e estudos interdisciplinares" (São Paulo, 2008a, p. 9).

A Proposta está organizada da seguinte forma: *Ciências da Natureza e suas Tecnologias*, formada por Biologia, Química e Física; *Matemática* como uma área específica; *Ciências Humanas e suas Tecnologias*, compreendendo História, Geografia, Filosofia,

---

1. Sistema de Avaliação do Rendimento Escolar do Estado de São Paulo.

Sociologia e Psicologia; *Linguagens, Códigos e suas Tecnologias,* formadas por Língua Portuguesa, Língua Estrangeira Moderna (LEM), Arte e Educação Física.

Note-se que é importante contextualizar esta última área, *Linguagens, Códigos e suas Tecnologias.* De acordo com a Proposta Curricular, esta área pode ser contextualizada a partir de três níveis, a saber: *Contextualização sincrônica,* que ocorre num mesmo tempo, analisa o objeto em relação à época e à sociedade que o gerou. Nesse sentido, este nível procura analisar o objeto em sua própria época, percebendo as razões e as condições de sua produção, assim como de que modo diferentes grupos sociais se apropriam de um determinado objeto.

Contextualização diacrônica, que ocorre através do tempo, considera o objeto cultural no eixo do tempo. Esse nível procura analisar determinado objeto ao longo do tempo e suas diferentes apropriações.

E a *Contextualização interativa,* que permite relacionar o texto com o universo específico do leitor. Esse nível permite uma análise de como o texto ou objeto cultural em questão é percebido na contemporaneidade.

Segundo a Proposta Curricular, a questão da *contextualização* remete a duas outras percepções, a *intertextualidade* e a *interdisciplinaridade,* propondo uma inter-relação entre diferentes objetos culturais e seu tratamento nas diferentes linguagens (São Paulo, 2008a, p. 39). A partir daqui, será apresentado como a disciplina Educação Física se situa na Proposta Curricular, contextualizada na área de *Linguagens, Códigos e suas Tecnologias.*

A Educação Física pode abranger diferentes áreas. É possível afirmar que haveria um grupo de profissionais que compreenderiam a Educação Física na área de *Ciências da Natureza e suas Tecnologias,* provavelmente por entenderem sua possível interface com a saúde e a qualidade de vida. A Educação Física, por estar ligada ao conhecimento produzido ao longo da história a partir daquilo que conhecemos como Cultura de Movimento,[2] também poderia ter sido situada na área de *Ciências Humanas e suas Tecnologias*. No entanto, apesar de não haver muitos estudos sobre os aspectos pedagógicos da Educação Física e sua relação com a linguagem (Matthiesen et al., 2008, p. 130), ela foi incorporada à área de *Linguagens, Códigos e suas Tecnologias*.

A *Proposta Curricular do Estado de São Paulo* estabelece à disciplina de Educação Física uma perspectiva "culturalista", ou seja, apresenta uma concepção a partir de perspectivas oriundas das Ciências Humanas e Sociais (Betti et al., 2010). Nesse sentido, a Proposta apresenta uma dinâmica cultural na qual se insere a cultura de movimento, representada pelos esportes, pelas danças, artes marciais/lutas, ginásticas e pelos exercícios físicos, que estão presentes como um importante fenômeno nos meios de comunicação e na economia mundial e que, portanto, cada vez mais se tornam produtos de consumo.

Por outro lado, a Proposta compreende a importância de se considerar as *culturas juvenis*, as quais mostram que os adolescentes possuem afinidades com determinadas manifestações da cultura de movimento, como o hip-hop, a capoeira, as artes marciais, o skate, a musculação e outros. Nesse sentido, há necessidade de compreensão de tais fenômenos (São Paulo, 2008a, p. 41). A Proposta sugere à Educação Física Escolar um tratamento pedagógico dos conteúdos culturais, à medida que percebe e reconhece sua relação com o uso do corpo no que se refere ao movimentar-se humano ao longo do tempo. Afirmando que

---

2. "Por cultura de movimento entende-se, no âmbito da presente obra, o conjunto de significados/sentidos, símbolos e códigos que se reproduzem dinamicamente nos jogos, esportes, danças e atividades rítmicas, lutas, ginásticas etc., os quais influenciam, delimitam, dinamizam e/ou constrangem o Se Movimentar dos sujeitos, base de nosso diálogo expressivo com o mundo e com os outros" (São Paulo, 2008a, p. 43).

> [...] a Educação Física trata da cultura relacionada aos aspectos cor-
> porais, que se expressa de diversas formas, dentre as quais os jogos,
> a ginástica, as danças e atividades rítmicas, as lutas e os esportes. Essa
> variabilidade dos fenômenos humanos ligados ao corpo e ao movi-
> mentar-se é ainda mais importante quando se pensa na pluralidade
> dos modos de viver contemporâneos (São Paulo, 2008a, p. 42).

A Proposta indica que a Educação Física deve trabalhar com grandes eixos de conteúdos (jogo, esporte, ginástica, luta e atividade rítmica), como construções corporais humanas, considerando-se as particularidades de cada escola, que estão situadas em locais distintos.

Na Proposta de Educação Física, também é explicitado o tratamento dos conteúdos. Para isso, há uma divisão entre Ensino Fundamental II e Ensino Médio. Em relação ao primeiro, espera-se que os alunos ingressem no 6º ano apropriados de um amplo repertório de atividades, não só aquelas apreendidas nas aulas de Educação Física até o 5º ano, mas também as decorrentes de outras instâncias de socialização como família, comunidade, mídia. A partir daí, a ideia é evidenciar e ampliar os sentidos/significados e intencionalidades percebidos no repertório prévio dos(as) alunos(as). As atividades podem ser cruzadas com o tema *Organismo, movimento humano e saúde*, em um ou mais bimestres.

No Ensino Médio, a possibilidade do Se Movimentar[3] é confrontada com outras dimensões do mundo contemporâneo, que foram denominadas de eixos temáticos, a saber:

---

3. "O 'Se', propositadamente colocado antes do verbo, enfatiza o fato de que o sujeito (aluno/a) é o autor dos próprios movimentos, que estão carregados de suas próprias emoções, desejos e possibilidades, não resultando apenas de referências externas, como as técnicas esportivas, por exemplo. Estamos nos referindo ao movimento próprio de cada aluno. Por isso, um aluno pode gostar de movimentar-se em certo contexto, mas não em outro, embora os movimentos/gestos possam ser os mesmos (por exemplo, dançar)" (São Paulo, 2008, p. 43).

- *Corpo, Saúde e Beleza*: as doenças relacionadas ao sedentarismo (hipertensão, diabetes, obesidade etc.), e, de outro lado, o insistente chamamento para determinados padrões de beleza corporal, em associação com produtos e práticas alimentares e de exercício físico, colocam os jovens na "linha de frente" dos cuidados com o corpo e a saúde.

- *Contemporaneidade*: o mundo e a época em que vivemos caracterizam-se por grandes transformações, das quais o aumento do fluxo de informações é uma das mais impactantes, o que influencia os conceitos e as relações que as pessoas mantêm com seus corpos e com as outras pessoas, gerando, por vezes, reações preconceituosas em relação a diferenças de sexo, etnia, características físicas, dentre outras.

- *Mídias*: televisão, rádio, jornais, revistas e *sites* da internet influenciam o modo como os alunos percebem, valorizam e constroem suas experiências de Se Movimentar em jogos, esportes, ginástica, lutas e atividades rítmicas, muitas vezes atendendo a modelos que apenas dão suporte a interesses mercadológicos e que precisam ser submetidos à análise crítica.

- *Lazer e trabalho*: os conteúdos da Educação Física devem ser incorporados pelos alunos como possibilidades de lazer em seu tempo escolar e posterior a ele, de modo autônomo e crítico; além disso, a Educação Física deve propiciar a compreensão da importância do controle sobre o próprio esforço físico e o direito ao repouso e lazer no mundo do trabalho.

Segundo a Proposta, estes eixos temáticos permitem o tratamento de questões como

preconceito racial nos esportes, discriminações contra pessoas com deficiências em atividades esportivas, o papel das mídias na construção de padrões de beleza corporal, os vários significados atribuídos ao corpo, relações exercício físico e saúde, o lazer na vida cotidiana e muitos outros (São Paulo, 2008a, p. 46-47).

Em relação ao Ensino Médio, a Proposta também sugere, a critério do(a) professor(a), um hibridismo entre os eixos de conteúdos e os eixos temáticos. Nesse sentido, um componente do eixo de conteúdo poderia aparecer durante os quatro bimestres, relacionando-se com diferentes componentes do eixo temático. Também poderia ocorrer o contrário: um componente do eixo temático permanecer durante os quatro bimestres, relacionando-se com diferentes manifestações da cultura de movimento, assim como haver uma possível relação entre dois ou mais componentes do eixo temático, proporcionando uma "simultaneidade no desenvolvimento dos conteúdos" (São Paulo, 2008a, p. 47).

Esses eixos temáticos denotam fundamental importância, ao passo que possibilitam aos professores e às professoras a problematização das atitudes e condutas, proporcionando aos(às) alunos(as) maior reflexão sobre suas ações no dia a dia.

A Educação Física sugere ao Ensino Fundamental (PPC) o tratamento de diversas manifestações da Cultura de Movimento, tais como esporte, jogo, ginástica, luta e atividades rítmicas. Entretanto, durante as observações das aulas de Educação Física na Escola do Princípio, foi possível perceber certo distanciamento entre o que a proposta sugere e as práticas pedagógicas, aparecendo apenas temas relacionados a determinadas modalidades esportivas.

O primeiro tema percebido foi o atletismo, durante uma das aulas em uma turma do 6º ano, antes mesmo de seu início, três meninas estavam ao meu lado torcendo para que o professor não trabalhasse o futebol: "A gente não gosta de futebol, é muito masculino; eles (os meninos) nos machucam, preferimos vôlei e handebol". Durante o aquecimento, ao observar a forma como os(as) colegas estavam executando, uma menina chamou a atenção: "Nossa, os meninos estão pior do que as meninas hein!". Essa fala proferida pela menina exemplifica como há interiorizado na maioria das meninas um pressuposto de que os meninos são *melhores* na realização de exercícios físicos.

Foi importante observar que, mesmo com a turma *misturada,* havia separações que acabavam ficando implícitas, ou seja, nos momentos em que havia necessidade de formar filas ou pequenos grupos para as disputas, as meninas se separavam dos meninos. No entanto, em outra aula, ao organizar grupos de cinco pessoas para as disputas (corrida com obstáculos), o professor enumerou cada aluno(a), de um a quatro, e depois juntou os grupos de acordo com os números, ou seja, todos(as) alunos(as) que receberam o número 1 formaram um grupo e assim por diante. Essa forma de organização foi relevante, pois o professor numerou os(as) alunos(as) de modo a oferecer as *misturas.*

Apesar de o atletismo ser um tema que exige determinadas capacidades físicas, como força, agilidade, resistência e velocidade, não foram observadas, durante as aulas, consideráveis assimetrias no rendimento de meninas e meninos, ao contrário, houve diversos momentos em que as meninas venciam os meninos com grande facilidade, fato que proporcionava grande equilíbrio nas relações de gênero daquelas práticas.

De acordo com o que foi analisado, o atletismo é um esporte que pode ser utilizado pelos(as) professores(as) como uma importante manifestação da Cultura de Movimento, que se apresenta como um tema privilegiado para o debate crítico sobre as diferenças de rendimento entre meninas/meninos, meninas/meninas e meninos/meninos. Debate esse que deve ser mediado pelos(as) professores(as), a fim de garantir uma Educação Física Escolar Coeducativa.

Ao contrário do atletismo, que era problematizado em poucos momentos das aulas de Educação Física, o futebol foi o esporte que ocorreu predominantemente, durante o tempo de observação das aulas na Escola do Princípio. Entretanto, o futebol se apresentava apenas nos momentos de vivência prática das aulas. O que era considerado como aula teórica pelos professores da Escola do Princípio não abrangia o futebol. Nesse sentido, não havia debate, trabalhos ou qualquer outro tipo de reflexão sobre esse tema, que era o mais praticado. A PPC poderia ser o documento norteador para o tratamento do futebol, entretanto, era ignorada por muitos professores. O futebol era visto como um dado *natural*, não havia necessidade de abordar este tema na sala de aula, pois todos(as) *sabiam* do que se tratava.

Era usual a divisão do tempo de aula entre meninas e meninos e geralmente os meninos iniciavam. Durante o *jogo*, havia muitos questionamentos dos(as) alunos(as) sobre o tempo de duração da partida: "Professor, falta quanto?", "Professor, tá quanto tempo?" Na maioria das vezes, após o professor sinalizar o fim da partida, que significava que as meninas deveriam entrar na quadra e os meninos deveriam sair, o silêncio era quebrado e os meninos se negavam a sair da quadra, alegando que o tempo não havia sido contado corretamente e que as meninas não sabiam jogar, por isso nem deveriam entrar na quadra: "E aí, professor? Não acabou o tempo não", "Essas meninas nem sabem jogar".

Por outro lado, algumas meninas admitiam o fato e, ao mesmo tempo, os questionavam, gritando: "A gente não sabe jogar mesmo, mas a gente tem direito de usar a quadra". Nesse momento, foi possível perceber um dos meninos respondendo: "Tem direito nada, vai pra casa lavar louça, menina". E assim se desenrolavam os conflitos, que até aquele momento, eram operados por meio do "aprendizado do silenciamento" (Cavalleiro,

1999), silenciamento por parte dos professores, que não transformavam tais problemas em temas a serem debatidos.

Durante uma das aulas de Futebol com uma turma do 8º ano, uma das meninas se propôs a participar de uma partida com os meninos. Para a minha surpresa, os meninos, prontamente, iniciaram uma série de questionamentos ao professor: "Professor, tira essa menina daqui, se as meninas não querem jogar com ela, o problema não é nosso, mas ela não vai atrapalhar a gente". O professor questionou os alunos: "Por que ela não pode jogar com vocês?". E um dos meninos respondeu: "Essa menina é muito 'cavala', ela não sabe jogar direito, só bate na gente, na semana passada eu saí daqui cheio de arranhão no pescoço".

Presenciar este fato pode causar surpresa, caso se espere que os meninos utilizem o argumento usual sobre as meninas não serem fortes ou capazes o suficiente para encarar uma partida de futebol. Esse argumento credita a uma menina força e agressividade (elementos geralmente atribuídos ao masculino) e pode ser uma nova maneira de afastar as meninas da seara dos meninos, dizendo de um outro modo que elas não sabem jogar. Também é muito comum as meninas não deixarem os meninos participarem do futebol ou se recusarem a participar de forma *misturada*, por alegarem que eles são agressivos e as machucam. Os meninos poderiam estar utilizando os mesmos argumentos para afastá-las do futebol. Em todas essas hipóteses de interpretação, está colocado um conflito a partir da utilização de atributos de gênero e do incomum deslocamento entre características de gênero e pertencimento a determinado sexo, segundo padrões e normas tradicionais.

As situações descritas são privilegiadas para que o(a) professor(a) possa engendrar um programa que considere a problematização desses conflitos, tratando, por exemplo, dos aspectos históricos do futebol que configuraram este modo de pensar sobre homens, meninos, meninas e mulheres, assim como as concepções de masculino e feminino no interior desta modalidade esportiva.

Diante dos dados analisados até aqui, entende-se que há necessidade de um programa que considere a historicidade dos conteúdos da Educação Física Escolar, que rompa com o silêncio e evidencie as profundas desigualdades de gênero construídas no interior destes conteúdos. O atendimento dessas necessidades criaria condições para desconstruir as diversas *verdades* que se interiorizam nos corpos de meninas e meninos, produzindo identidades fundamentadas em desigualdades.

Apesar do caráter extremamente masculinizante apresentado pelo futebol nas aulas observadas, foi possível depreender que, para o tratamento desse esporte no âmbito das aulas de Educação Física, há necessidade de se oferecer uma prática igualitária entre meninas e meninos. Nesse sentido, torna-se fortemente relevante o desenvolvimento de estudos específicos sobre as relações de gênero no futebol e em todas as outras modalidades esportivas. Tal abordagem traria debates para as práticas que se encerram nos jogos de futebol e valorizariam outras modalidades esportivas, não tão hegemônicas quanto aquele que é percebido, por motivos históricos e culturais, como a "paixão nacional".

O handebol foi um tema trabalhado apenas na quadra da Escola do Princípio, não havia reflexão sobre o esporte. Durante uma aula, em uma turma do 7º ano, o professor abordou o handebol separando meninas e meninos. Do lado de fora da quadra, um menino estava conversando com outro e disse: "O professor não apitou nas regras porque o jogo é de menina". Discursos como este sugerem a superioridade dos meninos em relação às meninas, afirmando a necessidade de modificar as regras ou a forma de apitar o jogo para favorecê-las. Entretanto, essa assertiva não foi identificada neste jogo, as meninas pareciam muito, tão ou mais competitivas e habilidosas que os meninos.

Em outra turma do 7º ano, uma menina foi escolhida para completar um time de meninos. Ao conversar com o professor sobre o fato, ele disse: "ela joga muito bem, até no futebol ela 'arrebenta' os meninos. Parece um menino jogando e joga melhor do que muitos deles". Logo em seguida o professor a chamou e a questionou sobre seu nível de habilidade motora. A menina disse: "Eu sempre sou escolhida pelos meninos porque não tenho medo da bola e sempre jogo com os amigos, vizinhos...".

Diferentemente do que foi identificado nas aulas em que predominava o atletismo e o futebol, o vôlei não foi um esporte priorizado. Durante todas as observações das aulas em que o futebol esteve presente, o vôlei também apareceu, mas nesse caso como uma atividade secundária. Isso acontecia quando os meninos dominavam a quadra praticando futebol, algumas meninas pegavam uma bola de vôlei e se posicionavam no canto da quadra para "brincar de vôlei". Em nenhuma das observações o vôlei apareceu como uma atividade fim. No discurso dominante, *os meninos jogam futebol e as meninas brincam de vôlei*.

É importante notar que, em uma das aulas observadas, um menino não pôde jogar futebol com os colegas, que alegavam que os times já estavam prontos: "O time já tá feito, ele só atrapalha o jogo". Após reclamar para o professor, ficou combinado que ele ficaria "de próximo", e assim que a partida terminasse ele entraria. No entanto, a partida demorou muito e o menino acabou desistindo, enturmando-se com um grupo de meninas que estavam praticando vôlei no canto da quadra.

Durante as observações, foi possível identificar que o vôlei era tratado com maior ênfase naquilo que os professores chamaram de aula teórica. Nesses momentos, os professores utilizavam a PPC como uma forma de direcionar as atividades em sala de aula e solicitar trabalhos para os(as) alunos(as). Durante uma aula em uma turma do 7º ano, o professor solicitou um trabalho que abordasse princípios técnicos e táticos, principais regras e o processo histórico do vôlei. Uma aluna o questionou: "O que é isso?"; E o professor respondeu: "É para pesquisar, depois conversaremos sobre o que é".

A escola contemporânea, tal qual a concebemos, é produto de um processo histórico-social que passou por inúmeras transformações estruturais, pedagógicas, legislativas, entre outras tantas, e que sofreu muitas influências dos diferentes movimentos em períodos e contextos históricos dos quais foi parte. Nesse sentido, é possível perceber a escola como algo construído e, consequentemente, com seus modos de ensinar, avaliar, organizar e selecionar os conteúdos a serem ensinados ou não ensinados, assim como quem deve ou não ser recebido(a) como aluno(a).

Sendo assim, o esporte, mais precisamente o atletismo, o futebol, o handebol e, com ressalvas, o voleibol, apresentou-se no interior das aulas de Educação Física da Escola do Princípio como manifestações privilegiadas. Apesar de a Proposta Curricular sugerir outros temas, como a ginástica, a luta, o jogo e a atividade rítmica, durante as observações não foi constatada a presença destas manifestações da Cultura de Movimento.

Dentre as modalidades esportivas constatadas, o atletismo foi o único tratado sistematicamente pelo professor, sendo que havia, ainda que de forma genérica, certa preocupação com as construções de gênero elaboradas durante as aulas, que por muitas vezes se resumiam na tentativa de *misturar* alunas e alunos. Tal fato pode ser justificado ao recorrer ao *Caderno do Professor,* que em diversos momentos solicita ao professor que oriente os alunos a formarem grupos *misturados* (São Paulo, 2008b, p. 18), fato que pode ter influenciado a forma como o professor direcionava suas aulas.

6

Resistências e conflitos

A Educação Física Escolar é palco de um jogo de resistências e aceitações, ou seja, durante as aulas, pode-se perceber que a todo momento há práticas de dominação e, ao mesmo tempo, de resistência. Ao se atentar ao contexto da Educação Física Escolar, é importante perceber que nessa matéria as relações desiguais de gênero tornam-se mais explícitas, principalmente devido à sua história, fortemente influenciada por preceitos biológicos e de higiene (Louro, 1997). Nesse sentido, na Escola do Princípio, foi possível observar diversos momentos em que se configuraram muitos tipos de resistências (Corsino, 2011).

Sendo assim, cabe relatar as resistências de gênero, que envolvem tanto meninas/meninos, como meninos/meninos e meninas/meninas. Essas resistências se dão em linguagem verbal e também não verbal, e se relacionam com aquilo que Flávia Schilling (1991) apresenta em sua pesquisa. A autora mostra que na escola, a partir de pequenas falas e gestos, vão surgindo formas de constante resistência.

Para descrever tais resistências, é possível destacar os vários momentos em que meninas reivindicavam o direito de participar do jogo de futebol com os meninos ou, até mesmo, em outras atividades. Durante uma aula em uma turma do 8º ano, uma menina me questionou se eu era o novo professor de Educação Física: "Você é o nosso novo professor?", eu disse que não, então ela disse: "Ah, dá aula pra gente", eu a questionei: "Por que você não está participando?". A menina me respondeu: "Eu não, esse professor só dá aula livre, é uma bagunça essa escola, eu gosto de futebol, mas os meninos não deixam eu jogar e o professor não faz nada, ele falou pra mim jogar vôlei, mas não vou jogar nada". Nesse caso, a não participação dessa menina pode significar um ato de resistência às formas e aos critérios de escolha dos conteúdos a serem abordados durante as aulas, que, naquele momento, estavam reforçando hierarquizações nas quais ela, como menina, era desprivilegiada.

Em outro momento, na mesma turma, observei um menino que, por ter seu "jeito" considerado "efeminado", segundo palavras dos professores, era afastado do grupo dos meninos na sala de aula e na quadra. Entretanto, esse menino não deixava de reivindicar o direito de participar das atividades junto aos outros meninos. Sendo assim, é possível destacar sua conversa com o professor: "Professor, eles não deixam eu jogar". O professor questionou por que eles não o deixavam jogar e o menino respondeu: "Não sei, só sei que vou jogar, senão vou na diretoria". O professor parou o jogo e o inseriu na partida.

Ao discorrer sobre a Educação e, sobre a educação corporal, Louro (1997, p. 61) ressalta que, "evidentemente, os sujeitos não são passivos receptores de imposições externas. Ativamente eles se envolvem e são envolvidos nessas aprendizagens — reagem, respondem, recusam ou assumem inteiramente". Esse jogo de resistências pode contribuir consideravelmente para que não existam mais fronteiras de gênero a serem cruzadas, na escola e no exterior a ela (Auad, 2004, p. 115-116).

O questionamento sobre as *misturas* ou separações nas aulas de Educação Física vem mobilizando diversos(as) pesquisadores(as) que se dedicam a investigações sobre as relações de gênero nas aulas de Educação Física no Brasil, mais enfaticamente a partir da década de 1990 (Jesus e Devide, 2006).

Consideramos que a maioria dos estudos analisados, que buscam tratar das questões de gênero, aponta para a necessidade de turmas *misturadas* (Corsino, 2010; Corsino e Auad, 2011), a fim de garantir, em algum nível, a socialização entre meninas e meninos durante as aulas. Tal socialização, como observam Jesus e Devide (2006), é percebida pelos(as) próprios(as) alunos(as) como algo não satisfatório quando se trata de aulas *misturadas*, sendo caracterizada por aumento da violência, do individualismo e difícil organização. Esse diagnóstico aponta para a necessidade de que se dê um passo a mais e se insira a mistura de meninas e meninos no âmbito de uma política educacional coeducativa.

Abreu (1990) relata que os docentes tinham a liberdade de separar ou não meninas e meninos, e de problematizar ou não estas relações em suas aulas. A autora constatou que os meninos se recusavam a praticar as atividades junto com as meninas, mas depois que eles estavam juntos, se as meninas apresentassem habilidade motora equivalente à deles, os problemas terminavam. Esta dificuldade prática de organização das aulas e o discurso da falta de habilidade das meninas se desfazem quando se nota que são resultantes de complexas relações de poder, construtoras de identidades e que não são fixas, de modo a estarem passíveis de se transformar de acordo com o tempo, as circunstâncias e, sobretudo, os estímulos a partir de medidas educacionais e de gestão do trabalho escolar.

No interior da escola, é fácil perceber as diferentes formas de apropriação do que se espera de meninas e meninos. Auad (2004 p. 109) percebeu que os meninos podem se apresentar como um grupo mais agressivo, trocar xingamentos entre si e com um modo de falar diferenciado do modo das meninas. Estas podem parecer mais risonhas e falantes, de aproximação mais afável. Para a autora, essas diferenças não são naturais e nem devem ser generalizadas para todas as crianças. Tais características são resultantes da forma como as relações de gênero estão estruturadas em nossa sociedade e de como podem moldar as posturas, os comportamentos e as subjetividades.

Compartilhamos a mesma percepção em relação ao que foi observado nas aulas de Educação Física da Escola do Princípio, os meninos eram mais ativos, mais velozes e mais habilidosos no futebol, enquanto as meninas eram mais cuidadosas durante as atividades, preocupavam-se em arrumar seus cabelos, aparentavam ser mais medrosas, sobretudo, quando a bola era arremessada ou chutada na direção delas.

Essas características identificadas durante as aulas se reforçavam à medida que as turmas eram *misturadas* para as vivências na quadra. Logo surgiam conflitos, algumas meninas não permaneciam na atividade por muito tempo, saíam reclamando da agressividade exacerbada dos meninos, que poderia machucá-las. Em alguns momentos, surgiam atitudes violentas, chutes, tapas, empurrões e xingamentos, sobretudo quando as turmas eram *misturadas*. Essas violências de gênero[1] aconteciam com mais frequência entre meninas e meninos e, às vezes, entre meninos e meninos ou entre meninas e meninas.

---

1. Acredita-se que durante as aulas de Educação Física na Escola do Princípio, pelo que foi possível observar, não havia o que muitos chamam de *bullying*, mas, sim, violências de gênero e de raça (verbal e física), que era desencadeada devido às diferenças hierarquizadas estabelecidas. Nesse sentido, é oportuno o que aponta Shilling (2004), que, em sua pesquisa, ressalta que a violência é multidimensional e apresenta algumas das diversas violências que estão inseridas no cotidiano escolar, como a discriminação, a violência doméstica, a indiferença, a desistência de ensinar e de aprender, a violência social e a criminalidade.

Concordamos com as afirmações de Jesus e Devide (2006), que investigaram o ponto de vista de discentes sobre as aulas de Educação Física mistas e separadas. Os autores apontaram que, de acordo com as representações de alunas e alunos, as aulas mistas se construíam a partir de alguns pontos centrais como maior homogeneidade, maior violência, menor participação, menos organização, enquanto as aulas com turmas separadas demonstravam o contrário das *misturadas*.

Durante as aulas de Educação Física, nas *misturas*, a agressividade dos meninos afasta as meninas que se sentem prejudicadas e muitas vezes se recusam a participar com eles. No entanto, em muitas aulas observadas, essa premissa se fazia presente apenas no discurso, ou seja, por muitas vezes foi possível observar momentos em que as meninas eram muito mais agressivas que os meninos. Há de se enfatizar que a expressão dessa agressividade não é necessariamente um problema ou algo a ser reprimido pelo fato de serem meninas. Por outro lado, o presente livro pretende suscitar também o questionamento das noções de disciplina, rendimento, agressividade e performance tanto para meninos quanto para meninas.

Dessa forma, é importante pensar sobre como meninas e meninos interiorizam ou não o que é constantemente disseminado através das práticas discursivas, o que faz com que meninas se assumam como delicadas, emotivas e sensíveis (Daolio, 1995), e meninos se assumam como os únicos detentores do direto de praticar futebol, por exemplo. Nesse sentido, ao argumentar sobre os processos de subjetivação, Laclau (1990) argumenta:

> Pois se uma identidade consegue se afirmar é apenas por meio da repressão daquilo que a ameaça. Derrida mostrou como a constituição de uma identidade está sempre baseada no ato de excluir algo e de estabelecer uma violenta hierarquia entre os dois polos

resultantes — homem/mulher etc. Aquilo que é peculiar ao segundo termo é assim reduzido — em oposição binária à essencialidade do primeiro — à função de um acidente. Ocorre a mesma coisa com a relação negro/branco, na qual o branco é, obviamente, equivalente a "ser humano". "Mulher" e "negro" são, assim, "marcas" (isto é, termos marcados) em contraste com os termos não-marcados "homem" e "branco" (Laclau, 1990, p. 33 apud Hall, 2009, p. 110).

Acreditamos que as identidades, nesse contexto, são constituídas em meio a um *jogo* de relações de poder, as quais produzem diferentes efeitos, e, nesse caso, os resultados são percebidos nos diversos conflitos de gênero durante as aulas. Esses conflitos são reflexos destas relações assimétricas, que transformam as aulas em um *jogo de resistências e aceitações.*

Ora, vejamos como a habilidade motora é submetida a este *jogo*, sendo percebida como uma categoria permeada pelo discurso, a todo o momento, produzindo diferenças, formas de se identificar e se afirmar como membro *habilitado(a)* ou não para essa ou aquela atividade.

Ao relatar uma situação em que meninos e meninas praticavam uma atividade *misturados(as)*, Abreu (1990, p. 162-163) afirmou que os meninos demonstraram que o sexo se torna irrelevante, ao passo que as meninas apresentam nível de habilidade motora equivalente ao deles. Também pude observar este fato durante a pesquisa. Porém, ao considerar a categoria gênero, foi possível perceber que as representações quanto ao que se espera de meninas e meninos em nível de habilidade motora não mudou.

Os(as) alunos(as) aceitam pessoas de outro sexo nas atividades, mas, ainda assim, ao perceberem algum erro por parte das meninas, referem-se a elas com palavras que representam as hierarquias de gênero estruturadas em nossa sociedade, como foi o caso de uma aula em que uma menina estava *jogando* futebol com os meninos e apresentava um nível de habilidade motora equivalente a dos meninos, mas, ao tentar chutar a bola e *furar*,[2] um menino do mesmo time ficou indignado, dizendo em alto tom para seus colegas: "Eu não falei, a culpa é de vocês, que colocam menina no time".

Esse menino apenas correspondeu ao discurso que está posto de diferentes formas em nossa sociedade. Nesse momento, foi conveniente utilizar-se deste discurso para justificar sua vontade de não haver meninas no mesmo espaço que ele. Porém, foi visível o fato de que aquela menina apresentava habilidade motora equivalente ou até maior que a deles.

Estas práticas discursivas contribuem para que as diferenças hierarquizadas sejam construídas no interior da escola. Para aquele menino, o problema não estava no fato de a menina ter errado o chute (não ter habilidade motora), mas, sim, no fato de *ser mulher* e dividirem o mesmo espaço. Nesse caso, ocorreu algo que pode ser analisado a partir do que Scott tratou no texto "O enigma da igualdade" (2005): o menino se percebia como indivíduo, enquanto a menina não deixou de ser vista como grupo; apesar de corresponder ao esperado no que diz respeito às habilidades necessárias para praticar aquele jogo, ela ainda era uma *mulher*. O grupo "mulher", nesse sentido, foi percebido de forma essencialista, desconsiderando-se, contudo, as múltiplas identidades, que podem ser contraditórias e idiossincráticas.

Em outra aula, também foi possível perceber um conflito parecido. Entretanto, dessa vez, estabeleceram-se diferenças hierarquizadas de gênero apenas entre meninos, numa jogada parecida: um menino que estava há muito tempo esperando para

---

2. Expressão utilizada por alunos e alunas para relatar quando uma pessoa tenta chutar a bola, mas perde seu tempo e não consegue acertá-la.

entrar na partida só entrou após o professor intervir e dizer que, se não o deixassem jogar, iria pegar a bola e acabar a aula: "Pode parar, se ele não entrar no jogo eu vou pegar a bola e voltar pra sala". No momento em que entrou na partida, ao tentar chutar a bola em direção ao gol, *furou*, e os outros meninos também se monstraram indignados com aquela situação, dizendo: "Vai sua moça, parece uma biba esse muleque".

Note-se que, novamente, apesar de ser um corpo masculino, o erro foi relacionado ao feminino, no caso do primeiro nome do qual o menino foi chamado, e à homossexualidade, no caso do segundo. Nesse sentido, foi possível observar que não basta a equivalência de habilidade motora entre meninas e meninos, pois os arranjos de gênero produzem representações que reforçam as diferenças hierarquizadas, não só entre meninas e meninos, como também em grupos formados apenas por meninos ou apenas por meninas. Sendo assim, há necessidade de que os(as) professores(as) problematizem as questões de gênero durante as aulas, de modo que se permita uma maior reflexão dos(as) alunos(as) sobre as construções corporais modeladas a partir das relações de gênero, presentes em nossa sociedade, assim como os conflitos engendrados no interior das aulas de Educação Física, como reflexo de uma estrutura mais ampla.

Foi possível perceber que as formas de resistência não se restringiam às ações durante as aulas na quadra. Muitas vezes, em várias turmas, algumas meninas se apresentavam para a aula "prática" de sandália, tamanco, calça jeans e outras vestimentas, consideradas pelos professores como inadequadas para a realização das aulas na quadra. Sendo assim, o professor anotava em diário de classe e as encaminhava para a diretoria, além de dizer que iria diminuir a nota bimestral pela não participação nas aulas. Entretanto, durante algumas conversas com essas alunas, foi possível notar que tal fato era uma clara forma de resistência aos temas e conteúdos abordados durante as aulas. Ao questioná-las sobre o fato de não se vestirem do modo como os professores queriam, surgiram respostas como: "Eu não, eu nem gosto de jogar futebol, eu odeio Educação Física, é sempre a mesma coisa".

Em outro momento, em uma turma do 7º ano, logo no início da aula, após fazer a chamada, um professor questionou uma menina que estava sentada ao meu lado, no fundo da sala: "De novo, você de sandália?" A menina respondeu em baixo tom de voz: "É claro, só tem futebol". O professor se utilizava de diferentes estratégias, como encaminhar os(as) alunos(as) para a diretoria e diminuir a nota bimestral pela não participação nas aulas, porém, não percebia que muitas vezes a não participação dos(as) alunos(as) se dava como uma forma de resistência.

Nesse sentido, é necessário considerar que a escolha dos temas a serem tratados é de extrema importância, ao passo que os próprios conteúdos abordados, por si só, podem oferecer resistência a um modelo de currículo universalista, vigente em nossa sociedade. Na escola, o(a) aluno(a) deve ter seu conhecimento valorizado, de modo que ele(a) possa reconhecer o(a) outro(a) como algo importante, ocorrendo certa valorização e, consequentemente, uma diminuição das diferenças hierarquizadas. A escola pode abrir espaço para a discussão de todos aqueles assuntos que possam vir a ocorrer a partir de conflitos causados por questões culturais, com o objetivo de diminuir as injustiças sociais, considerando-se as múltiplas identidades culturais, que não são fixas e, portanto, se transformam a todo o tempo.

As situações analisadas até aqui demonstram que nas aulas de Educação Física há aquilo que foi identificado como *jogo das resistências e aceitações,* e que os conflitos durante as aulas *misturadas* são mais explícitos e intensos. Entretanto, considera-se, também, que estes conflitos são momentos privilegiados para que os(as) professores(as) possam problematizar as relações de gênero durante suas aulas, a partir de um olhar mais cuidadoso, que não leve à negação das resistências, mas, sim, ao aproveitamento e problematização delas. Enfim, foi possível notar que os conflitos podem ser um grande obstáculo para que os(as) professores(as) *misturem* as turmas. Entretanto, esses conflitos podem ser formas de resistências de meninas e meninos às fronteiras de gênero tradicionalmente impostas em nossa sociedade. Estas fronteiras podem ser e continuamente são borradas, cruzadas e alargadas, em processos e práticas cotidianas nos quais as relações de poder estabelecidas são objeto dessa mesma resistência, explícita ou velada.

7

Perguntas e respostas coeducativas

Inicialmente, foram formuladas três questões norteadoras a partir das quais o presente estudo foi tecido. A seguir, serão apresentadas respostas possíveis para essas demandas fundadoras, como brevíssimas sínteses dos resultados da pesquisa e como produto das reflexões tecidas ao longo dos capítulos deste livro.

Como os(as) docentes separam ou misturam os(as) alunos(as) durante as aulas de Educação Física?

As relações de gênero nas aulas de Educação Física da Escola do Princípio constroem representações entre e a partir de discentes e docentes de que as turmas separadas, apesar de estarem dentro do mesmo horário e espaço, são melhores para a organização, a socialização e o rendimento das aulas. Essas práticas geram uma forma de silenciamento dos conflitos. Apesar de separar as turmas por sexo, os professores não conseguiam *fugir* dos conflitos.

Considera-se que, na Escola do Princípio, as formas de separar ou *misturar* nas aulas de Educação Física variavam, dependendo das características de cada professor. Entretanto, havia determinados combinados que envolviam o grupo de professores(as) e a gestão da escola, como o fato de estabelecerem uma aula prática e uma aula teórica semanal para cada turma. Contudo, considera-se que a forma como a maioria dos professores separam ou *misturam* os(as) alunos(as) nessa escola contribui para potencializar as diferenças hierarquizadas nas aulas de Educação Física, sem que haja qualquer problematização sobre isso.

Tais formas de organização (separar e/ou *misturar* alunas e alunos) são fundamentadas num discurso essencialista, interiorizado pelas normas do sistema de oposições binárias homem/mulher. Ao separar as turmas por sexo, os professores estariam contribuindo para o "aprendizado da separação" (Auad, 2004), o qual se coaduna com a "aprendizagem do silenciamento" (Cavalleiro, 1999; 2000); ao mesmo tempo que pretendiam evitar os conflitos entre meninas e meninos, não só não eram capazes de evitá-los, como os produziam com mais força entre meninas/meninas e meninos/meninos, de modo a contribuir para a não convivência entre meninas e meninos durante as aulas. Tal fato, consequentemente, desconsiderava as diferenças, impondo uma falsa sensação de igualdade.

Sendo assim, entende-se que há necessidade de que professoras e professores considerem novas formas de organização nas aulas de Educação Física, tomando os cuidados necessários para que as relações desiguais de gênero não sejam produzidas e potencializadas. Tais objetivos poderão ser atingidos a partir da elaboração de diferentes estratégias, considerando-se as formas de organização dos(as) alunos(as), de modo que as *misturas* sejam oferecidas como uma das possibilidades de procedimento didático.

Considera-se, portanto, que as *misturas* durante as aulas tornam os conflitos mais explícitos do que nas separações. Nesse caso, apesar de se proporcionar uma sensação de tranquilidade, também são gerados conflitos e desigualdades de forma silenciosa e não debatida. Nesse sentido, os conflitos que venham a operar diante das *misturas* têm mais potencial para ser debatidos com os(as) alunos(as), de modo que haja uma reflexão sobre os processos históricos responsáveis por construir determinadas formas de perceber os temas da Cultura Corporal.

Como as atividades, nas aulas de Educação Física, podem reforçar as diferenças hierarquizadas entre o feminino e o masculino?

Durante a maioria das aulas observadas, não foi possível perceber o tratamento da *Proposta Curricular do Estado de São Paulo — Educação Física*, documento responsável por nortear as ações docentes. Com exceção de um professor que trabalhou o atletismo, os outros utilizaram os conteúdos sugeridos pelo documento apenas como uma forma de solicitar trabalhos e pesquisas.

Ao conversar com esses professores, eles disseram que aplicavam as aulas teóricas, com textos e questões para os(as) alunos(as) responderem, principalmente porque seria bom que eles(as) tivessem matéria em seus cadernos, para não haver motivos para os(as) pais/mães reclamarem da Educação Física.

Os temas solicitados em pesquisas não eram abordados e relacionados com as vivências na quadra, tampouco com questões de corpo e gênero, mantendo certa incoerência entre o que era chamado pelos professores de *teoria* e *prática*.

O que se pode compreender é que o tratamento dos conteúdos se relacionava muito pouco ou nada com as construções de gênero elaboradas no cotidiano das aulas observadas. Ao contrário, a forma como os conteúdos eram tratados se encaminhavam num sentido de potencializar as diferenças hierarquizadas naquele ambiente. Os temas propostos não *fugiam* do enfoque das modalidades esportivas, e as formas como estas eram tratadas não iam ao encontro de uma Educação Física Escolar Coeducativa, que focalizasse as relações e interações estabelecidas a partir do esporte.

Ao corroborar com Neira (2009), entende-se que o currículo é extremamente importante para a formação do sujeito, sendo ele uma forma de poder sobre o processo de ensino. Ao perceber a importância do currículo para a formação das identidades, pode-se entendê-lo como formador de corpos masculinos e femininos. A intenção é que haja preocupação em relação ao que se ensina, tendo em vista que a preocupação de como ensinar mascara as consequências das escolhas do que se ensina.

Como o lidar com a corporeidade de meninas e meninos, nas aulas de Educação Física, relaciona-se com as construções de gênero elaboradas na realidade escolar tanto por alunos e alunas quanto pelos(as) docentes?

Os corpos de alunas e alunos são constituídos e apresentam profundas marcas estabelecidas e produzidas pelas relações de gênero vigentes em nossa sociedade. Os discursos produzidos por estas relações se fundem e se diluem nesses corpos, configurando gestos, gostos, formas de agir e se posicionar diante das pessoas.

As relações de gênero como construções sociais contribuem para que as diferenças sejam hierarquizadas, de modo que se produzam desigualdades e, por muitas vezes, violências de gênero no interior das aulas de Educação Física em nossa sociedade.

Ao nos apoiar em um referencial *construcionista* de gênero, assim como nos Estudos Culturais, foi possível realizar uma leitura que transcendeu os fatos observados. Foi possível perceber como essa categoria de análise social se constrói nas complexas relações e a partir de elementos que são considerados como dados biológicos, como é o caso da habilidade motora, mas que são constituídos também pelos dados discursivos.

Antes mesmo de seu nascimento, os corpos de crianças são produzidos através dos discursos que se fazem sobre eles, e a categoria gênero se insere nesse movimento, que não é fixo e imutável. Assim, um corpo masculino ou um corpo feminino — e tal polaridade é também uma construção — são resultantes de um complexo sistema de relações de poder, das quais emergem meninas, meninos, homens e mulheres.

Há de se considerar as múltiplas diferenças, entendendo-se que elas não podem ser argumento para as separações, mas, sim, a partir de seu reconhecimento, devem ser argumento para que meninas, meninos, brancos(as) e negros(as) sejam percebidos, reconhecidos e *misturados*, com vistas à igualdade de valor e igual acesso a todas as atividades oferecidas durante as aulas de Educação Física.

É preciso atentar para o referencial de Joan Scott (2005), que chama a atenção para a necessidade de se reivindicar as diferenças, não permitindo que sejam transformadas em desigualdades. Nesse sentido, engendram-se alguns caminhos pertinentes para estudos posteriores. Tais estudos são percebidos como necessários para uma maior contribuição para o término das assimetrias de gênero, objetivando uma Educação Física Escolar Coeducativa.

Entende-se, desse modo, que há necessidade de existir, por parte dos professores e professoras, diante da Educação Física Escolar, um conhecimento mais aprofundado sobre as relações de gênero. Esse conjunto de saberes poderia ser obtido inicialmente nos cursos de graduação, para que fosse possível estabelecer estratégias de ensino capazes de problematizar questões que envolvam as construções corporais com alunas e alunos; para que se pudesse fazer uma reflexão crítica, combinada com ações que priorizem as resistências, mediando os conflitos de gênero durante as aulas e buscando, principalmente, contribuir para o término das diferenças hierarquizadas de gênero.

Para que essas medidas sejam adotadas, além de formação adequada, são necessários estudos que se debrucem na investigação de políticas públicas educacionais, representando fortemente uma inspiração igualitária de gênero e de raça (Auad, 2004; 2010). Nesse contexto, considera-se também a necessidade de inserção de currículos que "levem em conta e incorporem com seriedade as implicações das contribuições feministas para a teoria social e educacional" (Silva, 1995, p. 187).

Finalmente, ao lado de se objetivar enfaticamente a coeducação, a partir da consideração do referencial feminista e da categoria gênero, há de se tornar lócus privilegiado de pesquisas vindouras a consideração das questões étnico-raciais. Ao considerar o processo de formação de professoras e professores de Educação Física, nota-se a necessidade dessas duas categorias — raça e gênero — permearem as reflexões a partir das quais as práticas educativas se assentarão. Assim, como desfecho da presente obra, há de se adiantar que se encontra em andamento um estudo de Corsino e Auad (2011), no qual, desde a hipótese central, se estabelece a estreita relação entre uma educação democrática e pesquisas que contemplem de forma igualitária as categorias gênero e raça.

No estudo citado, de acordo com as considerações inicialmente formuladas, é percebida a necessidade de se conhecer o percurso de apropriação diferenciada das duas categorias, mencionando os seguintes questionamentos sobre a apropriação das categorias gênero e raça na produção acadêmica: Por que parece se considerar menos raça do que gênero e, ainda assim, por que gênero é tão pouco adotado nos estudos e nas práticas da Educação Física Escolar? Há de se questionar os motivos da desconsideração de ambas as categorias, tanto em conjunto quanto isoladamente.

Trata-se, portanto, de pesquisa a ser realizada a partir do que se conheceu ao longo das páginas agora findas, continuamente em busca de conhecer mais sobre silêncios e invisibilidades, assim como suas múltiplas causas e efeitos na formação das identidades de alunas e alunos e na construção do cotidiano escolar. Nesse sentido, vale lembrar que o *não dito*, os silêncios e as lacunas guardam tantos objetos de pesquisa para se conhecer quanto tudo quanto pode ser dito, afirmado e preenchido como saber produzido, reconhecido e legitimado.

8
Sugestões de leitura, para guiar o olhar ao trilhar os caminhos...

Corpo, relações de gênero e feminismo

AUAD, Daniela. *Feminismo*: que história é esta? Rio de Janeiro: DP&A, 2003.

BEAUVOIR, Simone de. *O segundo sexo*: fatos e mitos. Rio de Janeiro: Nova Fronteira, 1980. v. 1.

_____. *O segundo sexo*: a experiência vivida. Rio de Janeiro: Nova Fronteira, 1980. v. 2.

BUTLER, Judith. *Problemas de gênero*: feminismo e subversão da identidade. Rio de Janeiro: Civilização Brasileira, 2008.

FEMENÍAS, María Luisa. *Judith Butler*: introducción a su lectura. Cidadania e feminismo. Buenos Aires: Catálogos, 2003.

HIRATA, Helena Sumiko; KERGOAT, Danièle. A classe operária tem dois sexos. *Revista de Estudos Feministas*, Rio de Janeiro, v. 2, n. 3, p. 93-100, 1994.

_____; LABORIE, Françoise; LE DOARÉ, Hélène; SENOTIER, Danièle. (Coord.). *Dictionnaire critique du féminisme*. Paris: Presse Universitaire de France, 2000.

JAGGAR, Alison M.; BORDO, Susan R. *Gênero, corpo, conhecimento*. Rio de Janeiro: Record/Rosa dos Ventos, 1997.

LAQUEUR, Thomas. *Inventando o sexo*: corpo e gênero dos gregos a Freud. Rio de Janeiro: Relume Dumará, 2001.

SCOTT, Joan W. Gênero: uma categoria útil de análise histórica. *Educação & Realidade*, Porto Alegre, n. 16, p. 5-22, 1990.

Relações de gênero e educação

AUAD, Daniela. *Educar meninas e meninos*: relações de gênero na escola. São Paulo: Contexto, 2006.

_____. Igualdade e diferença nas políticas públicas: gênero e raça no Município de Guarulhos. In: SEMINÁRIO INTERNACIONAL FAZENDO GÊNERO, 9., Florianópolis, 2010. Disponível em: <http://www.fazendo-genero.ufsc.br/9/>. Acesso em: 29 jan. 2011.

_____. *Relações de gênero nas práticas escolares*: da escola mista ao ideal de co-educação. Tese (Doutorado em Educação: Sociologia da Educação) — Faculdade de Educação, Universidade de São Paulo, São Paulo, 2004, 232f.

FINCO, Daniela. *Educação infantil, espaços de confronto e convívio com as diferenças*: análise das interações entre professoras e meninas e meninos que transgridem as fronteiras de gênero. Tese (Doutorado em Educação: Sociologia da Educação) — Faculdade de Educação, Universidade de São Paulo, São Paulo, 2010, 232f.

LOURO, Guacira Lopes. *Gênero, sexualidade e educação*: uma perspectiva pós-estruturalista. Petrópolis: Vozes, 1997.

_____ (Org.). *O corpo educado*: pedagogias da sexualidade. 2. ed. Belo Horizonte: Autêntica, 2001.

MEYER, Dagmar Estermann. Gênero e educação: teoria e política. In: LOURO, Guacira Lopes; FELIPE, Jane; GOELLNER, Silvana Vilodre (Org.).

Corpo, gênero e sexualidade: um debate contemporâneo na educação. 4. ed. Petrópolis: Vozes, 2008.

WALKERDINE, Valerie. Ciência, razão e mente feminina. *Educação & Realidade*, Porto Alegre, v. 32, p. 7-24, jan./jun. 2007. Disponível em: <http://seer.ufrgs.br/index.php/educacaoerealidade>. Acesso em: 12 set. 2010.

WALKERDINE, Valerie. O raciocínio em tempos pós-modernos. *Educação & Realidade*, Porto Alegre, v. 20, n. 2, p. 207-226. jul./dez. 1995. Disponível em: <http://www.ufrgs.br/edu_realidade/>. Acesso em: 12 set. 2010.

Relações de gênero e Educação Física Escolar

ALTMANN, Helena. *Rompendo fronteiras de gênero*: Marias [e] homens da Educação Física. Dissertação (Mestrado em Educação) — Faculdade de Educação, Universidade Federal de Minas Gerais, Belo Horizonte, 1998, 110f.

CORSINO, Luciano Nascimento. *Relações de gênero na educação física escolar*: uma análise das misturas e separações em busca da coeducação. Dissertação (Mestrado em Ciências: Educação e Saúde na Infância e na Adolescência) — Escola de Filosofia, Letras e Ciências Humanas, Universidade Federal de São Paulo, São Paulo, 2011, 153f.

DORNELLES, Priscila Gomes; FRAGA, Alex Branco. Aula mista *versus* aula separada? Uma questão de gênero recorrente na educação física escolar. *Revista Brasileira de Docência, Ensino e Pesquisa em Educação Física*, Cristalina, v. 1, n. 1, p. 141-156, ago. 2009. Disponível em: <http://www.facec.edu.br/seer/index.php/index/index.> Acesso em: 15 mar. 2011.

DURAN, Maria Victoria Camacho. *A aula de educação física como reprodutora de estereótipos de gênero à luz da experiência do Colégio "Inem Santiago Pérez"*. Dissertação (Mestrado em Educação Física) — Faculdade de Educação Física, Universidade Estadual de Campinas, Campinas, 1999, 133f.

FERNANDES, Simone Cecília. *Os sentidos de gênero em aulas de educação física*. Dissertação (Mestrado em Educação Física) — Faculdade de Educação Física, Universidade Estadual de Campinas, Campinas, 2008, 116f.

GOELLNER, Silvana Vilodre. Gênero, educação física e esportes. In: VO-TRE, Sebastião. *Imaginário e representações sociais em educação física, esporte e lazer*. Rio de Janeiro: Editora Gama Filho, 2001.

GRUGEON, Elisabeth. Implicaciones del género en la cultura del patio de recreo. In: WOODS, Peter; HAMMERLEY, Martyn. *Género, cultura y etnia en la escuela*: informes etnográficos. Barcelona: Ministério de Educación y Ciencia, 1995. p. 23-47.

KUGELMANN, Claudia. Educação Física e a pesquisa sobre gênero: uma perspectiva da educação física orientada para os sexos. In: KUNZ, Elenor; TREBELS, Andreas H. (Org.). *Educação física crítico-emancipatória*. Ijuí: Unijuí, 2006.

LOUZADA, Mauro; VOTRE, Sebastião; DEVIDE, Fabiano. Representações de docentes acerca da distribuição dos alunos por sexo nas aulas de educação física. *Revista Brasileira de Ciências do Esporte*, v. 28, n. 2, p. 55-68, jan. 2007. Disponível em: <http://www.rbceonline.org.br>. Acesso em: 22 abr. 2011.

OLIVEIRA, Greice Kelly de. *Aulas de educação física para turmas mistas ou separadas por sexo?*: uma análise comparativa de aspectos motores e sociais. 1996. Dissertação (Mestrado em Educação Física) — Faculdade de Educação, Universidade Estadual de Campinas, Campinas, 1996, 161f.

PEREIRA, Fabio Alves do Santos. *Currículo, Educação Física e diversidade de gênero*. Dissertação (Mestrado em Educação: Currículo) — Faculdade de Educação, Pontifícia Universidade Católica, São Paulo, 2009. 198f.

PEREIRA, Sissi Aparecida Martins. *O sexismo nas aulas de educação física*: uma análise dos desenhos infantis e dos estereótipos de gênero nos jogos e brincadeiras. Tese (Doutorado em Educação Física) — Universidade Gama Filho, Rio de Janeiro, 2004. 171f.

PRESTA, Michelle Guidi Gargantini. *Atividades rítmicas na educação física escolar*: relações de gênero, preconceitos e possibilidades. Dissertação (Mestrado em Educação) — Faculdade de Educação, Universidade Estadual de Campinas, Campinas, 2006, 94f.

ROMERO, Elaine (Org.). *Corpo, mulher e sociedade*. Campinas: Papirus, 1995.

ROMERO, Elaine. *Estereótipos masculinos e femininos em professores de educação física*. Tese (Doutorado em Psicologia) — Programa de Pós-Graduação em Psicologia, Universidade de São Paulo, 1990, 407f.

SARAIVA, Maria do Carmo. *Coeducação física e esportes*: quando a diferença é mito. 2. ed. Ijuí: Unijuí, 2005.

SOUSA, Eustáquia Salvadora de; ALTMANN, Helena. Meninos e meninas: expectativas corporais e implicações para a educação física escolar. *Cadernos Cedes*, ano XIX, n. 48, 1999. Disponível em: <http://www.scielo.br>. Acesso em: 12 nov. 2009.

_____. *Meninos, à marcha! meninas, à sombra! a história do ensino da educação física em Belo Horizonte (1897-1994)*. Tese (Doutorado em Educação: Filosofia e História da Educação) — Faculdade de Educação, Universidade Estadual de Campinas, Campinas, 1994. 288f.

SOUZA JÚNIOR, Osmar Moreira de. Coeducação, futebol e educação física escolar. (Mestrado em Ciências da Motricidade: Pedagogia da Motricidade Humana) — Instituto de Biociências, Universidade Estadual Paulista, Rio Claro, 2003. 127f.

_____; DARIDO, Suraya Cristina. A prática do futebol no ensino fundamental. *Motriz*, v. 8, n. 1, p. 1-9, jan./abr. 2002. Disponível em: <http:// www.periodicos.rc.biblioteca.unesp.br/index.php/motriz>. Acesso em: 12 set. 2010.

KNIJNIK, Jorge Dorfman. *Femininos e masculinos no futebol brasileiro*. Tese (Doutorado em Psicologia: Psicologia Social e do Trabalho) — Instituto de Psicologia, Universidade de São Paulo: São Paulo, 2006. 474f.

_____; ZUZZI, Renata Pascoti (Org.). *Meninas e meninos na educação física*: gênero e corporeidade no século XXI. Jundiaí: Fontoura, 2010.

Referências bibliográficas

ABREU, Neíse Gaudêncio. Análise das percepções de docentes e discentes sobre turmas mistas e separadas por sexo nas aulas de Educação Física escolar. In: ROMERO, Elaine (Org.). *Corpo, mulher e sociedade*. Campinas: Papirus, 1990.

ALTMANN, Helena. *Rompendo fronteiras de gênero*: Marias [e] homens da Educação Física. Dissertação (Mestrado em Educação) — Faculdade de Educação, Universidade Federal de Minas Gerais, Belo Horizonte, 1998. 110f.

ANDRADE, Sandra dos Santos. Mídia, corpo e educação: a ditadura do corpo perfeito. In: MEYER, Dagmar; SOARES, Rosângela (Org.). *Corpo, gênero e sexualidade*. 2. ed. Porto Alegre: Mediação, 2008a.

_____. Mídia impressa e educação de corpos femininos. In: LOURO, Guacira Lopes; FELIPE, Jane; GOELLNER, Silvana Vilodre (Org.). *Corpo, gênero e sexualidade*: um debate contemporâneo na educação. 4. ed. Petrópolis: Vozes, 2008b.

ANDRÉ, Marli Eliza D. A. *Etnografia da prática escolar*. Campinas: Papirus, 1995.

AUAD, Daniela. Educação para a democracia e coeducação: apontamentos a partir da categoria gênero. *Revista USP*, São Paulo, n. 56, p. 136-143, 2002-2003. Disponível em: <http://www.usp.br/revistausp/>. Acesso em: 12 nov. 2009.

AUAD, Daniela. *Educar meninas e meninos*: relações de gênero na escola. São Paulo: Contexto, 2006.

_____. Igualdade e diferença nas políticas públicas: gênero e raça no Município de Guarulhos. In: SEMINÁRIO INTERNACIONAL FAZENDO GÊNERO, 9., Florianópolis, 2010. Disponível em: <http://www.fazendogenero.ufsc.br/9/>. Acesso em: 29 jan. 2011.

_____. *Relações de gênero nas práticas escolares*: da escola mista ao ideal de coeducação. Tese (Doutorado em Educação: Sociologia da Educação) — Faculdade de Educação, Universidade de São Paulo, São Paulo, 2004. 232f.

BARBOSA, Irene Maria Ferreira. Socialização e identidade racial. *Cadernos de Pesquisa*, São Paulo, n. 63, p. 54-5, 1987.

BETTI, Mauro et al. A proposta curricular de educação física do Estado de São Paulo: fundamentos e desafios. In: CARREIRA FILHO, Daniel; CORREIA, Walter Roberto. *Educação física escolar*: docência e cotidiano. Curitiba: CRV, 2010.

_____. "Imagens em ação": uma pesquisa ação sobre o uso de matérias televisivas em programas de educação física do ensino fundamental e médio. *Revista Movimento*. Porto Alegre, v. 12, n. 2, p. 95-120, maio/ago. 2006. Disponível em: <http://seer.ufrgs.br/Movimento/index>. Acesso em: 12 abr. 2011.

BRASIL. Decreto n. 69.450, de 1º/12/ 1971. *Diário Oficial da União*, Brasília, 2 nov. 1971. Disponível em: <http://www.jusbrasil.com.br/legislacao/115100/decreto-69450-71>. Acesso em: 22 abr. 2011.

_____. Senado Federal. Lei de Diretrizes e Bases da Educação Nacional n. 4.024/61. *Diário Oficial da União,* Brasília, 1961. Disponível em: <http:// www.justbrasil.com.br/legislacao/108164/lei-de-diretrizes-e-base-1961-lei-4024-61>. Acesso em: 22 abr. 2011.

_____. Lei n. 9.394, de 20/12/1996, estabelece as Diretrizes e Bases da Educação Nacional. *Diário Oficial da União*, ano CXXXIV, n. 248, p. 27833-27841, 23 dez. 1996. Disponível em: <http://www.planalto.gov.br/ccivil_03/Leis/L9394.htm>. Acesso em: 22 abr. 2011.

BRASIL. Ministério da Educação. *Parâmetros Curriculares Nacionais*: Educação Física. Brasília: MEC/Secretaria de Educação Fundamental, 1998. Disponível em: <http://portal.mec.gov.br/>. Acesso em: 22 abr. 2011.

CARVALHO, Marília Pinto de. Fracasso escolar: uma questão de gênero. *Educação e Pesquisa*, Florianópolis, v. 29. n. 1, p. 188-193, jan./jun. 2003. Disponível em: <http://www.scielo.br>. Acesso em: 16 abr. 2011.

CAVALLEIRO, Eliane. *Do silêncio do lar ao silêncio escolar*: racismo, preconceito e discriminação na educação infantil. Dissertação (Mestrado em Educação) — Faculdade de Educação, Universidade de São Paulo, São Paulo, 1999, 229f.

_____. *Do silêncio do lar ao silêncio escolar*: racismo, preconceito e discriminação na educação infantil. São Paulo: Contexto, 2000.

CHAN-VIANNA, Alexandre Jackson; MOURA, Diego Luz; MOURÃO, Ludmila. Educação física, gênero e escola: uma análise da produção científica acadêmica. *Revista Movimento*, Porto Alegre, v. 16, n. 2, p. 149-164, abr./jun. 2010. Disponível em: <http://seer.ufrgs.br/Movimento/index>. Acesso em: 2 abr. 2011.

CORSINO, Luciano Nascimento. *Relações de gênero na educação física escolar*: uma análise das misturas e separações em busca da coeducação. Dissertação (Mestrado em Ciências: Educação e Saúde na Infância e na Adolescência) — Escola de Filosofia, Letras e Ciências Humanas, Universidade Federal de São Paulo, São Paulo, 2011, 153f.

_____. Relações de gênero na Educação Física: a construção dos corpos de meninas e meninos nas "misturas" e separações da escola. In: SEMINÁRIO INTERNACIONAL FAZENDO GÊNERO: DIVERSIDADES DIÁSPORAS, DESLOCAMENTOS, 9., *Anais...*, Florianópolis, Universidade Federal de Santa Catarina, p. 7, 2010. Disponível em: <http://www. fazendogenero.ufsc.br/9>. Acesso em: 20 fev. 2011.

_____; AUAD, Daniela. "Misturas" e separações na educação física escolar: uma análise a partir da categoria gênero. In: CONGRESSO PAULISTANO DE EDUCAÇÃO FÍSICA ESCOLAR, 4., *Anais...*, São Paulo, Universidade da Cidade de São Paulo, 2011. Disponível em: <http://www.conpefe.com. br>. Acesso em: 3 jul. 2011.

_____. Raça e gênero na Educação Física Escolar: uma análise da produção científica a partir da Lei n. 10.639/2003. In: CONGRESSO LUSO-AFRO--BRASILEIRO DE CIÊNCIAS SOCIAIS, 11., *Anais*..., Salvador, Universidade Federal da Bahia, 2011. Disponível em: <http://www.xiconlab.eventos. dype.com.br>. Acesso em: 23 set. 2011.

DAOLIO, Jocimar. *Da cultura do corpo*. Campinas: Papirus, 1995.

_____. *Cultura, educação física e futebol*. Campinas: Unicamp, 2008.

DELPHY, Christine. Penser le genre. In: HURTIG, Marie-Claude; KAIL, Michèle; ROUCH, Hélène (Org.). *Sexe et genre, de la hiérarchie entre les sexes*. Paris: CNRS, 1991.

DORNELLES, Priscila Gomes; FRAGA, Alex Branco. Aula mista *versus* aula separada? Uma questão de gênero recorrente na educação física escolar. *Revista Brasileira de Docência, Ensino e Pesquisa em Educação Física*, Cristalina, v. 1, n. 1, p. 141-156, ago. 2009. Disponível em: <http://www.facec.edu.br/ seer/index.php/index/index.> Acesso em: 15 mar. 2011.

DUARTE. C. P. *O discurso de escolares adolescentes femininas sobre os critérios de seleção utilizados para a participação em aulas mistas de Educação Física*. Dissertação (Mestrado em Educação Física) — Universidade Gama Filho, Rio de Janeiro, 2003.

DURAN, Maria Victoria Camacho. *A aula de educação física como reprodutora de estereótipos de gênero à luz da experiência do Colégio "Inem Santiago Pérez"*. Dissertação (Mestrado em Educação Física) — Faculdade de Educação Física, Universidade Estadual de Campinas, Campinas, 1999, 133f.

FERNANDES, Simone Cecilia. *Os sentidos de gênero em aulas de Educação Física*. Dissertação (Mestrado em Educação Física) — Faculdade de Educação Física, Universidade Estadual de Campinas, Campinas, 2008. 116f.

FOUCAULT, Michel. *História da sexualidade 1*: a vontade de saber. Rio de Janeiro: Graal, 1988.

FREIRE, João Batista. *Educação de corpo inteiro*: teoria e prática da educação física. Campinas: Scipione, 1989.

GALLINA, Justina Franchi. Pós-feminismo através de Judith Butler. *Rev. Estud. Fem.* [on-line], 2006, v. 14, n. 2, p. 556-558. Acesso em: 1º fev. 2012.

GHIRALDELLI JUNIOR, Paulo. *Educação física progressista*: a pedagogia crítico-social dos conteúdos e a educação física brasileira. São Paulo: Loyola, 2001.

GOELLNER, Silvana Vilodre. A produção cultural do corpo. In: LOURO, Guacira Lopes; FELIPE, Jane; GOELLNER, Silvana Vilodre (Org.). *Corpo, gênero e sexualidade*: um debate contemporâneo na educação. 4. ed. Petrópolis: Vozes, 2008.

_____. Feminismos, mulheres e esportes: questões epistemológicas sobre o fazer historiográfico. *Revista Movimento*, Porto Alegre, v. 13, n. 2, p. 171-196, maio/ago. 2007. Disponível em: <http://seer.ufrgs.br/Movimento/article/view/3554>. Acesso em: 10 fev. de 2011.

_____. Gênero, educação física e esportes. In: VOTRE, Sebastião. *Imaginário e representações sociais em educação física, esporte e lazer*. Rio de Janeiro: Editora Gama Filho, 2001.

_____. O esporte e a cultura fitness como espaços de generificação dos corpos. In: CONGRESSO BRASILEIRO DE CIÊNCIAS DO ESPORTE, 15; CONGRESSO INTERNACIONAL DE CIÊNCIAS DO ESPORTE: POLÍTICA CIENTÍFICA E PRODUÇÃO DO CONHECIMENTO, 2., *Anais...*, 2007, Recife, CBCE, 2007.

GRUGEON, Elisabeth. Implicaciones del género en la cultura del patio de recreo. In: WOODS, Peter; HAMMERLEY, Martyn. *Género, cultura y etnia en la escuela*: informes etnográficos. Barcelona: Ministério de Educación y Ciencia, 1995. p. 23-47.

HALL, Stuart. A centralidade da cultura: notas sobre as revoluções culturais do nosso tempo. *Educação & Realidade*, Porto Alegre, v. 22, n. 2, p. 15-46, jul./dez. 2000.

HALL, Stuart. *A identidade cultural na pós-modernidade*. Rio de Janeiro: DP&A, 1998.

JESUS, Mauro Louzada de; DEVIDE, Fabiano Pries. Educação física escolar, coeducação e gênero: mapeando representações de discentes. *Revista Movimento*, Porto Alegre, v. 12, n. 3, p. 123-140, set./dez. 2006. Disponível em: <http://seer.ufrgs.br/Movimento/article/view/3554>. Acesso em: 10 fev. de 2011.

KUGELMANN, Claudia. Educação física e a pesquisa sobre gênero: uma perspectiva da educação física orientada para os sexos. In: KUNZ, Elenor; TREBELS, Andreas H. (Org.). *Educação física crítico-emancipatória*. Ijuí: Unijuí, 2006.

KUNZ, Elenor. *Transformação didático-pedagógica do esporte*. 6. ed. Ijuí: Unijuí, 1998.

_____. *Educação física:* ensino e mudanças. 3. ed. Ijuí: Unijuí, 2004.

LACLAU, Ernesto. *New reflections on the revolution of our time*. Londres: Verso, 1990.

LAHNI, Cláudia Regina; COELHO, Fernanda. A educomunicação a partir de conceitos de Mario Kaplún. In: CIMADEVILLA, Gustavo; HAUSSEN, Doris Fagundes (Org.). *La comunicación en tiempos de crisis*. 1. ed. Rio Cuarto: Universidad de Rio Cuarto, 2010a. v. 1, p. 71-84.

_____; COELHO, Fernanda; HALLACK, Laila Cupertino; AGOSTINI, Ludyane Chaves. Educomunicação e cidadania: conceitos e práticas na produção acadêmica entre 2004 e 2008. In: BARBALHO, Alexandre; FUSER, Bruno; COGO, Denise (Org.). *Comunicação para a cidadania*: temas e aportes teórico-metodológicos. 1. ed. São Paulo: Intercom, 2010b. v. 5, p. 87-108.

_____; AUAD, Daniela. Comunicação, política e relações de gênero: a presença da mulher na imprensa em período eleitoral. In: CONGRESSO BRASILEIRO DE CIÊNCIAS DA COMUNICAÇÃO, 34., *Anais...*, 2011, São Paulo e Recife, Intercom e Unicap, v. 1, p. 1-15, 2011.

LOURO, Guacira Lopes. *Gênero, sexualidade e educação*: uma perspectiva pós-estruturalista. Petrópolis: Vozes, 1997.

LOUZADA, Mauro; VOTRE, Sebastião; DEVIDE, Fabiano. Representações de docentes acerca da distribuição dos alunos por sexo nas aulas de educação física. *Revista Brasileira de Ciências do Esporte*, v. 28, n. 2, p. 55-68, jan. 2007. Disponível em: <http://www.rbceonline.org.br>. Acesso em: 22 abr. 2011.

LUZ JÚNIOR, Agripino Alves. *Gênero e educação física*: o que diz a produção teórica brasileira dos anos 80 e 90? Dissertação (Mestrado em Educação Física: Teoria e Prática Pedagógica) — Universidade Federal de Santa Catarina (UFSC), Centro de Desportos, Florianópolis, 2001.

MARIZ DE OLIVEIRA, José Guilma; BETTI, Mauro; MARIZ DE OLIVEIRA, Wilson. *Educação física e o ensino de 1º grau*: uma abordagem crítica. São Paulo: Editora Pedagógica/Editora da Universidade de São Paulo, 1988.

MATTHIESEN, Sara Quenzer et al. Linguagem, corpo e educação física. *Revista Mackenzie de Educação Física e Esporte*, v. 7, n. 2, p. 129-139, 2008. Disponível em: <http://www3.mackenzie.br/editora/index.php/remef/>. Acesso em: 20 jul. 2010.

MATTOS, Mauro; NEIRA, Marcos Garcia. *Educação física na adolescência*: construindo o conhecimento na escola. São Paulo: Phorte, 1998.

MEDINA, João Paulo Subirá. *A educação física cuida do corpo... e "mente"*: bases para a renovação e transformação da educação física. Campinas: Papirus,1996.

MEYER, Dagmar Estermann. Gênero e educação: teoria e política. In: LOURO, Guacira Lopes; FELIPE, Jane; GOELLNER, Silvana Vilodre (Org.). *Corpo, gênero e sexualidade*: um debate contemporâneo na educação. 4. ed. Petrópolis: Vozes, 2008.

MOREIRA, Wagner Wey. *Educação física escolar*: uma abordagem fenomenológica. Campinas: Unicamp, 1992.

MORENO, Márcia Orlando; GOMES, Nathália Chaves. *As relações de gênero no ensino fundamental I*: uma análise da produção acadêmica em educação física. Trabalho de Conclusão de Curso de especialização em Educação

Física fundamentos teóricos e prática profissional na escola — Faculdade de Educação Física. Universidade Estadual de Campinas, Campinas, 2011. 58f.

NEIRA, Marcos Garcia; NUNES, Mario Luiz Ferrari. *Educação física, currículo e cultura*. São Paulo: Phorte, 2009.

NEIRA, Marcos Garcia; NUNES, Mario Luiz Ferrari; SANTOS JUNIOR, Nei Jorge dos; SANTOS, Ana Paula da Silva. Corpo feminino na TV: reflexões necessárias no âmbito da educação física escolar. *Conexões*, Campinas, v. 7, n. 2, p. 97-113, maio/ago. 2009.

NICHOLSON, Linda. Interpretando o gênero. *Revista Estudos Feministas*, v. 8, n. 2, 2000. Disponível em: <http://www.periodicos.ufsc.br/index.php/ref/article/view>. Acesso em: 20 fev. 2011.

OLIVEIRA, Amauri Aparecido Bássoli de. Planejando a educação física escolar. In: VIEIRA, José Luiz Lopes (Org.). *Educação física e esportes*: estudos e proposições. Maringá: Eduem, 2004.

OLIVEIRA, Greice Kelly de. *Aulas de educação física para turmas mistas ou separadas por sexo?*: uma análise comparativa de aspectos motores e sociais. Dissertação (Mestrado em Educação Física) — Faculdade de Educação, Universidade Estadual de Campinas, Campinas, 1996. 161f.

PEREIRA, Fabio Alves do Santos. *Currículo, educação física e diversidade de gênero*. Dissertação (Mestrado em Educação: Currículo) — Faculdade de Educação, Pontifícia Universidade Católica, São Paulo, 2009. 198f.

PEREIRA, Sissi Aparecida Martins. *O sexismo nas aulas de educação física*: uma análise dos desenhos infantis e dos estereótipos de gênero nos jogos e brincadeiras. Tese (Doutorado em Educação Física) — Universidade Gama Filho, Rio de Janeiro, 2004. 171f.

PRESTA, Michelle Guidi Gargantini. *Atividades rítmicas na educação física escolar*: relações de gênero, preconceitos e possibilidades. Dissertação (Mestrado em Educação) — Faculdade de Educação, Universidade Estadual de Campinas, Campinas, 2006. 94f.

RANGEL, Irene Conceição Andrade et al. O ensino reflexivo como perspectiva metodológica. In: DARIDO, Suraya Cristina; RANGEL, Irene

Conceição Andrade (Org.). *Educação física na escola*: implicações para a prática pedagógica. Rio de Janeiro: Guanabara Koogan, 2005.

RIBEIRO, Jucélia Santos Bispo. Brincadeiras de meninas e meninos: socialização, sexualidade e gênero entre crianças e a construção social das diferenças. *Cadernos Pagu*, n. 26, p. 145-168, jan. 2006. Disponível em: <http://www.scielo.br>. Acesso em: 15 nov. 2009.

ROMERO, Elaine. A educação física a serviço da ideologia sexista. *Revista Brasileira de Ciências do Esporte*, Florianópolis, v. 15, n. 3, p. 226-234, jun. 1994.

_____. *Estereótipos masculinos e femininos em professores de educação física*. Tese (Doutorado em Psicologia) — Programa de Pós-graduação em Psicologia, Universidade de São Paulo, São Paulo, 1990. 407f.

SÃO PAULO (ESTADO). Secretaria de Estado da Educação de São Paulo. *Proposta Curricular do Estado de São Paulo*: Educação Física — Ensino Fundamental ciclo II e Ensino Médio. São Paulo: SEE, 2008a. Disponível em: <www.saopaulofazescola.gov.br>. Acesso em: 10 ago. 2010.

_____. Secretaria da Educação. *Caderno do Professor*: Educação Física, Ensino Fundamental — 5ª série, 1º bimestre. São Paulo: SEE, 2008b.

SARAIVA, Maria do Carmo. Por que investigar as questões de gênero no âmbito da educação física, esporte e lazer? *Motrivivência*, Florianópolis, n. 19, p. 79-86, dez. 2002.

_____. *Coeducação física e esportes*: quando a diferença é mito. 2. ed. Ijuí: Unijuí, 2005.

SCOTT, Joan Wallach. Gênero: uma categoria útil de análise histórica. *Educação & Realidade*, Porto Alegre, n. 16, p. 5-22, 1990.

_____. Gênero: uma categoria útil de análise histórica. *Educação & Realidade*, Porto Alegre, v. 20, n. 2, p. 71-99, 1995.

_____. O enigma da igualdade. *Revista Estudos Feministas*. Florianópolis, v. 13 n. 1, p. 216, jan./abr. 2005. Disponível em: <http://www.scielo.br>. Acesso em: 12 nov. 2009.

SCHILLING, Flávia Inês. *Estudos sobre resistência*. Dissertação (Mestrado em Educação: Administração e Supervisão Escolar) — Faculdade de Educação, Universidade de São Paulo, São Paulo, 1991. 253f.

SILVA, Tomaz Tadeu da. Os novos mapas culturais e o lugar do currículo numa paisagem pós-moderna. In: SILVA, Tomaz Tadeu da; MOREIRA, Antônio Flávio (Org.). *Territórios contestados*: o currículo e os novos mapas políticos e culturais. 5 ed. Petrópolis: Vozes, 1995.

SOARES, Carmem Lucia. *Imagens do corpo na educação:* estudo a partir da ginástica francesa no século XIX. 3 ed. Campinas: Autores Associados, 2005.

_____ et al. *Metodologia do ensino da educação física*. São Paulo: Cortez, 1992.

SOARES, Glaucio A. Dillon. A mulher nas olimpíadas. *Ciência Hoje*, revista da SBPC, v. 8, n 43, p. 34-43, 1988.

SOUSA, Eustáquia Salvadora de; ALTMANN, Helena. Meninos e meninas: expectativas corporais e implicações para a educação física escolar. *Cadernos Cedes*, ano XIX, n. 48, 1999. Disponível em: <http://www.scielo.br>. Acesso em: 12 nov. 2009.

_____. *Meninos, à marcha! meninas, à sombra!*: a história do ensino da educação física em Belo Horizonte (1897-1994). Tese (Doutorado em Educação: Filosofia e História da Educação) — Faculdade de Educação, Universidade Estadual de Campinas, Campinas, 1994. 288f.

SOUZA JÚNIOR, Osmar Moreira de. *Coeducação, futebol e educação física escolar*. (Mestrado em Ciências da Motricidade: Pedagogia da Motricidade Humana) — Instituto de Biociências, Universidade Estadual Paulista, Rio Claro, 2003. 127f.

_____; DARIDO, Suraya Cristina. A prática do futebol no ensino fundamental. *Motriz*, v. 8, n. 1, p. 1-9, jan./abr. 2002. Disponível em: <http://www.periodicos.rc.biblioteca.unesp.br/index.php/motriz>. Acesso em: 12 set. 2010.

SOUZA, Vanessa Guilherme. *Meninas-adolescentes*: rituais, corpo e resistência. Belo Horizonte: Autêntica, 2008.

TANI, Go et al. *Educação física escolar*: fundamentos de uma abordagem desenvolvimentista. São Paulo: Editora Pedagógica e Universitária/Editora da Universidade de São Paulo, 1988.

THORNE, Barrie. *Gender play*: girls and boys in school. Nova Jersey: Rutgers University Press, 1993.

UNBEHAUM, Sandra. A educação física como espaço educativo da promoção da igualdade de gênero e dos direitos humanos. In: KNIJNIK, Jorge Dorfman; ZUZZI, Renata Pascoti (Org.). *Meninas e meninos na educação física*: gênero e corporeidade no século XXI. Jundiaí: Fontoura, 2010.

VAGO, Tarcísio Mauro. *Das escrituras à escola pública*: a educação física nas séries iniciais do 1º grau. Dissertação (Mestrado em Educação) — Universidade Federal de Minas Gerais, Belo Horizonte, 1993. 252p.

WALKERDINE, Valerie. O raciocínio em tempos pós-modernos. *Educação & Realidade*, Porto Alegre, v. 20, n. 2, p. 207-226. jul./dez. 1995. Disponível em: <http://www.ufrgs.br/edu_realidade/>. Acesso em: 12 set. 2010.

ZAIDMAN, Claude. La mixité, obet d'étude scientifique ou enjeu politique. *Cahiers du Geddist*, Paris, Iresco, CNRS, n. 14, 1995.

ZUZZI, Renata Pascoti; KNIJNIK, Jorge Dorfman. Do passado ao presente: reflexões sobre a história da educação física a partir das relações de gênero. In: _____ (Org.). *Meninas e meninos na educação física*: gênero e corporeidade no século XXI. Jundiaí: Fontoura, 2010.